LIBERTÉ

SURPOPUPATION

ET   DÉCADENCE 2020-2120

Collection
(NE ME CROYEZ PAS !)
Tome 1

Copyright © 2026 Patrick Lalevée

Design de couverture : Patrick Lalevée
Création Graphique : Sara Lalevée Robert

Édition : BoD · Books on Demand, 31 avenue Saint-Rémy, 57600 Forbach, bod@bod.fr

Impression : Libri Plureos GmbH, Friedensallee 273, 22763 Hambourg (Allemagne)

www.patricklalevee.com

Dépôt légal : Décembre 2024
ISBN : 978-2-3224-9812-3

Patrick Lalevée

LIBERTÉ
SURPOPULATION
et DÉCADENCE 2020-2120

Collection
(NE ME CROYEZ PAS !)
Tome 1

« Cette œuvre est protégée par le droit d'auteur et strictement réservée à l'usage privé du client. Toute représentation ou reproduction intégrale ou partielle faite par quelque procédé que ce soit, au profit de tiers, à titre gratuit ou onéreux, sans le consentement de l'auteur ou de ses ayants cause, est strictement interdit et constitue une contrefaçon sanctionnée par les articles L 335-2 et suivants du Code de la propriété intellectuelle. L'Auteur se réserve le droit de poursuivre toute atteinte à ses droits de propriété intellectuelle devant les juridictions civiles ou pénales. »

INFORMATION !

Vous avez entre les mains un ouvrage vous permettant de mieux comprendre la réalité de notre environnement. Les investigations menées avec minutie sur le plan local et international, mettent en évidence la réalité de la société actuelle. Les chapitres de *« LIBERTÉ, SURPOPULATION et DÉCADENCE 2020-2120 »,* que vous vous apprêtez à lire, n'ont pas d'ordre de lecture. Ainsi, vous pouvez les lires dans le désordre sans dénaturer la qualité du chapitre ou la compréhension globale de l'ouvrage.

Avec ce QR Code, trouver toutes les cartes et images de cet ouvrage en couleur Grand Format :

Adresse du site de l'ouvrage :
https//www.patricklalevee.com

L'auteur

Patrick Lalevée a écrit son premier livre à l'âge de 13 ans, sur une vieille machine à écrire retrouvée au fond d'un placard, dans la maison de campagne où il a passé son enfance. Vous savez, ces fameuses machines à ruban, aux touches profondes qui coincent, sur lesquelles il faut appuyer fermement pour frapper chaque lettre, et rabattre le rouleau à la fin de chaque ligne.

L'histoire imaginée à l'époque était une fiction d'une centaine de pages. Une aventure mettant en scène des hommes venus de l'espace, une histoire d'invasion et de confrontation avec notre Terre.

Puis les années ont passé. Son regard s'est affiné, son esprit critique s'est développé, et son œil d'observateur du monde lui a permis de mettre en évidence les nombreuses inégalités entre les peuples. « Pourquoi ceci ? Pourquoi cela ? »

C'est ainsi qu'est né le besoin de partager le fruit de ses recherches avec le plus grand nombre, de mettre ses analyses et ses conclusions à la disposition de tous.

Après tout, si l'on n'en parle pas, comment trouver des solutions ?

Dans la même collection \

NE ME CROYEZ PAS !

Tome 1 : Liberté, surpopulation et décadence 2020-2120
Tome 2 : Covid 19, la manipulation Française
Tome 3 : Justice, l'intérêt d'un ordre mondial
Tome 4 : Des règles pour un monde meilleur

Mais comment en est-on arrivé là ?

[Toutes les cartes et images de cet ouvrage sont disponibles en couleur Grand Format sur le site : https//www.patricklalevee.com]

Comprendre l'évolution de la société et agir sur les causes, permet d'améliorer la vie et d'éviter le pire.

Patrick Lalevée

Avant-propos

L'humanité évolue à une vitesse fulgurante sur le plan démographique. Malheureusement, dans les prochaines décennies, ni nos ressources ni nos structures ne pourrons supporter cette croissance. Dans les années à venir, sur chaque continent, la population augmentera de manière significative. Les peuples issus de pays défavorisés chercheront alors, de plus en plus, à migrer vers des régions offrant de meilleures conditions de vie. Que nous le voulions ou non, cette masse humaine sera trop importante pour être contenue ou réduite. Nous n'aurons d'autre choix que d'accueillir ces populations et d'inventer de nouvelles lois et de nouvelles règles de vie. Nos habitudes, nos valeurs et nos systèmes devront alors s'adapter. Dans un monde aux ressources limitées, les conséquences de cette pression migratoire sur les pays convoités seront considérables. Impactant la qualité de vie jusque dans les zones rurales. Il nous faudra apprendre à nous organiser autrement, à composer avec la diversité et à bâtir ensemble un équilibre durable. Car l'Homme prélève sans compter sur la planète, tandis que la pollution et la surconsommation s'accumulent aussi vite que la population.

Face à ce constat, des solutions profondes, parfois radicales, devront être envisagées. Comprenons bien. Dans les régions les plus défavorisées, la rareté de l'eau, la désertification, le manque de nourriture, l'insuffisance des soins médicaux et l'absence de technologies condamnent des millions de personnes à l'exil. Ces hommes, ces femmes, ces enfants quittent leur terre natale, leurs parents, leurs amis, pour un espoir. Celui de vivre dignement ailleurs. Majoritairement, ils n'emportent qu'un baluchon, leurs souvenirs et leur courage. Ils frappent à notre porte, chez nous, chez vous, mais si loin de chez eux.

Certains d'entre nous les perçoivent comme des envahisseurs, des profiteurs ou des voleurs. Pourtant, l'être humain, où qu'il soit, reste le même. Avec ses qualités et ses défauts. Il est vrai que beaucoup de ces migrants n'ont pas reçu l'éducation ou les repères nécessaires pour s'adapter facilement aux règles des pays d'accueil. Mais alors, quelle est la solution ? Les nations les plus favorisées ne devraient-elles pas se répartir équitablement la charge migratoire, selon leurs capacités d'accueil ? Ou bien ne serait-il pas préférable d'investir dans le développement des pays d'origine, afin de permettre à leurs habitants de s'épanouir chez eux, plutôt que de survivre chez nous ? Là-bas, la misère est telle que la mort ne fait plus peur. Ces hommes et ces femmes sont prêts à tout. Même à traverser la Méditerranée ou la Manche sur un radeau de fortune. Peut-on vraiment leur reprocher de fuir la faim, la guerre ou la misère ? Devons-nous dresser des murs, fermer nos frontières, ou au contraire, repenser ensemble un modèle de solidarité globale ? Pour régler durablement cette question et construire un mieux-vivre ensemble, une seule voie semble possible. Statuer à l'échelle mondiale, dans un esprit de coopération, de justice et d'humanité.

CHAPITRE I

La Liberté dans ce Monde.

DÉFINITION DE LA LIBERTÉ : *Capacité d'une personne à agir, penser et s'exprimer selon sa volonté, sans contrainte ni dépendance. C'est l'état d'un être qui n'est ni soumis, ni enfermé, mais maître de ses choix et de ses actes.*

Rappelez-vous votre enfance. Vos premières découvertes, vos premières émotions, vos premières expériences de la vie. Souvenez-vous du plaisir simple de vous promener dans votre environnement en toute innocence, sans peur, sans crainte d'être agressé. Rappelez-vous vos parents qui vous préparaient le petit-déjeuner le matin avant l'école, de vos camarades, pas toujours très drôles dans la cour de récréation, de votre premier flirt ou de votre première déception sentimentale. Souvenez-vous de cette période d'adolescence, des plaisirs partagés, de votre premier salaire, de cette impression grisante d'entrer dans la vie d'adulte.

Qu'y a-t-il de plus beau que la liberté de vivre en harmonie, d'aimer et d'être aimé ?

Vivre en paix est une chance pour certains peuples, et le fruit de luttes acharnées pour d'autres.

Nos pères se sont battus pour la liberté, pour la sécurité, pour être ce que nous sommes aujourd'hui. Ils ont défendu leur terre, leur culture et leurs valeurs face à des peuples envahisseurs ou hostiles. Ils ont façonné notre monde, notre « chez-nous », souvent au prix de la souffrance, de la sueur et du sang.

Au fil des siècles, hommes et femmes ont fait d'immenses sacrifices pour offrir le meilleur à leurs enfants. À nous.

Mais la liberté aurait-elle un prix ?

Celui du sacrifice, alors qu'elle devrait être un droit naturel, inhérent à toute naissance ?

Depuis l'apparition de l'écriture, en Égypte et en Mésopotamie, l'humanité a franchi une étape décisive. Grâce à l'écriture, le savoir est devenu transmissible. Mais il n'a jamais été équitablement réparti. Encore aujourd'hui, des peuples entiers, souvent parmi les plus pauvres, n'ont pas accès à une éducation digne de ce nom.

Le développement des nations s'est fait de manière inégale, profondément marqué par l'histoire. Les représentants de chaque pays devraient œuvrer dans l'intérêt de leurs peuples, pour le bien commun. Mais ce n'est pas toujours le cas.

Dans certaines régions du monde, maintenir la population dans l'ignorance reste un moyen de domination. La manipulation devient un outil de pouvoir. Le but de certains dirigeants n'est pas de servir leur nation, mais de servir leurs propres intérêts, politiques, financiers ou moraux, au détriment du peuple.

Au fil des siècles, l'humanité a évolué, s'est instruite, et l'école a été l'un des plus puissants leviers d'émancipation. Pourtant, dans de nombreux pays, une partie de la population reste encore privée d'instruction. Hommes, femmes et enfants y sont exclus du savoir, volontairement maintenus dans l'ombre par leurs dirigeants ou par des conditions économiques désastreuses.

Dans certaines nations, la pauvreté et l'analphabétisme sont délibérément entretenus. Les dirigeants y gouvernent par la peur, la soumission et la privation de liberté. Là-bas, la justice n'est ni égale ni impartiale. Elle fluctue au gré des intérêts du moment.

Quand certains pays restreignent sévèrement l'accès à l'éducation, d'autres la contrôlent en l'orientant. Ce type d'enseignement, biaisé et manipulateur, sert à façonner des esprits dociles, à entretenir une résilience sans condition face à l'autorité. C'est une éducation mensongère, filtrée, contrôlée, souvent vidée de vérité. Elle camoufle une partie de l'histoire pour consolider le pouvoir du dirigeant et perpétuer son emprise sur le peuple.

« C'est le contraire de la manipulation bienveillante. »

Ces dirigeants nuisibles ne servent pas l'intérêt de leur peuple. Sous leur autorité, des populations entières sombrent dans la misère, condamnées à la soumission et à l'acceptation des miettes qu'on leur jette. Les lois imposées par ces gouvernances autoritaires n'ont qu'un but. Maintenir une domination durable, consolider un pouvoir fondé sur l'injustice et la peur. Elles profitent uniquement à ceux qui les ont édictées.

Mais les conséquences d'une politique injuste ou d'une dépendance imposée finissent toujours par se retourner contre ceux qui l'exercent. Lorsqu'un peuple ne comprend plus les règles qu'on lui impose, ou qu'il les subit sans en voir le sens, la révolte devient inévitable.

Dans ce climat d'insécurité et d'inégalités, le pouvoir de l'argent prend une place démesurée. Celui qui en possède peut tout acheter. Et lorsque tout devient marchandable, la terre, la dignité, la vie même, les dérives se multiplient. Corruption, contrebande, trafics, drogue, prostitution.

Pendant ce temps, le pauvre survit. Il transgresse parfois la loi, non par vice, mais par nécessité. Pour nourrir ses enfants, pour apaiser la faim. Il prie pour ne pas être pris, pour ne pas perdre le peu qu'il lui reste. Et certains, pris dans la spirale du désespoir, finissent par se perdre eux-mêmes, devenant délinquants ou escrocs par nécessité.

Dans ces sociétés où tout s'achète, même la survie a un prix.

Pour rembourser leurs dettes ou simplement prolonger leur existence de quelques semaines ou de quelques mois, certains vont jusqu'à vendre une partie d'eux-mêmes. En cédant leurs organes.

Faute d'espoir, des femmes seules et des jeunes hommes n'ont d'autre choix que de se prostituer pour subvenir à leurs besoins essentiels.

Ces tragédies n'épargnent pas les enfants. Privés d'avenir, ils deviennent souvent les premières victimes du désespoir des adultes. Certains parents, acculés par la misère, les confient à des inconnus contre une maigre compensation, espérant leur offrir un sort meilleur. Mais trop souvent, ces enfants sont réduits à l'esclavage domestique ou sexuel, objets d'un commerce inhumain. Dans le meilleur des cas, ils seront recueillis par une famille bienveillante. Et dans le pire, ils seront brisés à jamais.

Cette réalité, que beaucoup préfèrent ignorer, révèle la face la plus sombre de l'humanité. La loi du plus fort, celle des hommes redevenus bêtes.

La liberté et le droit sont pourtant indissociables. L'une ne peut exister sans l'autre. La liberté véritable n'est pas l'absence de règles, mais l'équilibre entre la justice, la dignité et le respect de la vie humaine.

Mais une question essentielle se pose alors :

Les lois sont-elles toujours justes ?

Or, si l'on parle de lois, on évoque nécessairement la justice.

D'où une autre interrogation tout aussi fondamentale :

La justice est-elle toujours juste ?

Et nous revenons là au cœur même du problème, profondément ancré dans l'esprit humain. La justice est rendue par des hommes, avec leurs forces et leurs faiblesses, leurs émotions, leurs convictions, et surtout, leur propre interprétation de la chose jugée.

Entre deux magistrats, il n'est pas rare d'observer des divergences d'avis, parfois même sur un même dossier. La justice, aussi noble soit-elle dans son intention, n'échappe pas à la subjectivité humaine.

Elle se veut un idéal moral, un concept philosophique visant l'équité. Pourtant, dans les faits, elle se résume souvent à l'application stricte de lois édictées par un pouvoir politique, lui-même influencé par des intérêts, des contextes ou des croyances.

Ainsi, si la loi prétend être universelle, la justice, elle, demeure humaine. Et là où l'humain intervient, la vérité absolue n'existe plus. Elle devient relative, parfois déformée, souvent interprétée.

> *« Si la justice était réellement juste, elle s'appliquerait de la même manière, quel que soit le pays. Une justice unique, fondée sur des règles universelles, dans un monde uni et pour une humanité partagée. »*

Elle serait une, comme le monde devrait l'être, au service d'une seule et même humanité.

Nous ne devrions pas craindre la justice. Car celui qui n'a rien à se reprocher n'a rien à redouter. En revanche, celui qui sollicite la justice pour de mauvaises raisons, ou sans fondement suffisant, doit mesurer la gravité de son acte.

La justice doit être tolérante, à juste mesure, mais implacable lorsque les preuves sont incontestables. Les règles doivent être respectées systématiquement et appliquées de manière impartiale, quel que soit le statut ou la position du justiciable.

Qu'il s'agisse d'un homme ou d'une femme, le jugement rendu doit être minutieusement équitable, respectueux, et dépourvu de tout privilège ou avantage.

Hélas, la réalité est bien différente. La justice varie énormément d'un pays à l'autre, et même d'un tribunal à l'autre. Les libertés et les droits sont souvent déséquilibrés, et les écarts peuvent parfois surprendre ou choquer.

> *« Certains pays qui se disent évolués pratiquent encore la torture, la lapidation, les coups de fouet, la peine de mort, etc.... »*

Découvrez ci-après un tableau illustrant l'application de la peine de mort à travers le monde, selon les différentes juridictions et systèmes législatifs.

*Ci-après le tableau permet de constater les disparités frappantes entre les pays. Certains ont aboli la peine capitale depuis longtemps, d'autres l'appliquent encore régulièrement, tandis que certains États l'utilisent uniquement dans des cas exceptionnels. Il révèle également combien la justice, loin d'être universelle, est fortement influencée par la culture, l'histoire et les choix politiques propres à chaque nation.

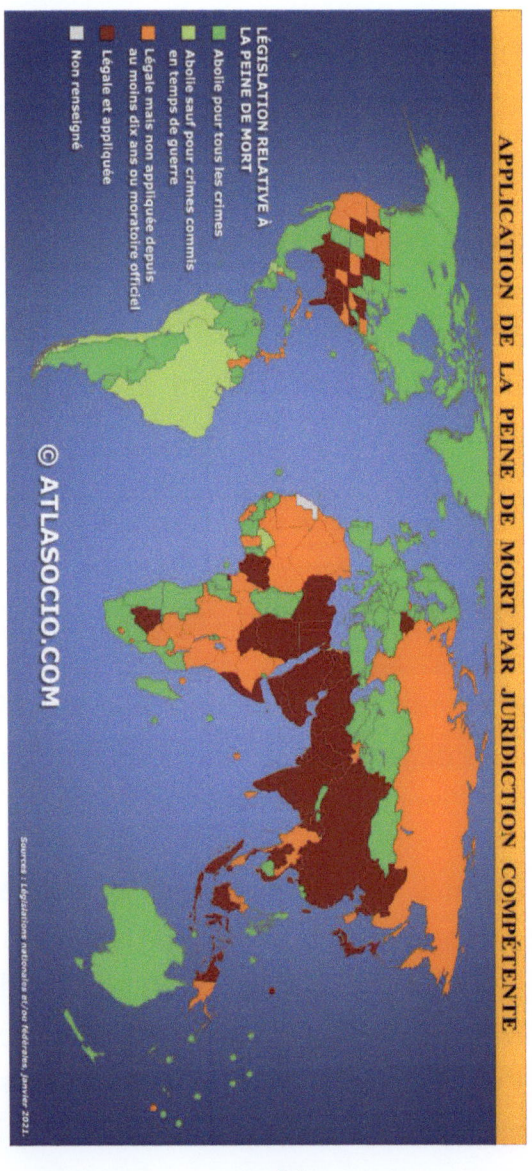

Dans de nombreux pays, la justice est intimement liée à l'histoire, à la religion locale et au niveau de développement des structures étatiques.

Dans les États organisés et équitables, il est parfois difficile de percevoir le profond déséquilibre qui existe ailleurs, notamment lorsque les droits diffèrent pour les hommes et pour les femmes.

Dans certains pays, un laxisme frappant à l'égard des femmes se fait sentir. Dans ces sociétés patriarcales, où l'ouverture d'esprit est limitée, il n'est pas rare de voir des femmes exploitées, soumises à leur mari, et des enfants abandonnés à leur sort, parfois réduits à l'esclavage ou embrigadés dans des circuits effrayants.

Pourtant, partout, les femmes revendiquent le droit à l'équité quand elles le peuvent, quand elles osent s'exprimer. Elles défendent des droits légitimes. Le droit à l'avortement, à la liberté de disposer de leur corps, à l'expression de leur féminité, sans subir le regard oppressant ou les jugements de certains hommes.

Et pourtant, si l'on considère l'humain dans sa simplicité, nous avons tous le même sang qui coule dans nos veines. Personne n'est supérieur.

Alors pourquoi abuser des autres ?

Pourquoi chercher à être toujours plus fort, toujours plus riche, au détriment de ses semblables ?

N'est-il pas honteux de traiter un autre humain comme un objet, de manipuler son prochain ou d'exploiter l'argent de la misère ?

Jadis, l'Europe fut le continent le plus développé, le plus avancé technologiquement. L'éducation a forgé l'esprit des citoyens, et l'instruction a permis des milliers d'inventions, de recherches et de découvertes scientifiques qui continuent d'influencer le monde entier.

La machine humaine s'est imposée à la nature, elle s'est épanouie et a prospéré. Mais ce développement n'a pas été sans douleur. Entre peuples instruits, certains redoutaient encore l'invasion de voisins. Dans cette course à la suprématie, la peur a souvent pris le dessus. L'homme se sentant menacé fabrique des armes de plus en plus puissantes pour protéger sa famille, son pays et sa liberté.

Après chaque conflit, les conséquences sont terribles. Décès, traumatismes, mutilations, viols, familles brisées, patrimoine détruit… La reconstruction survient toujours, mais la mémoire des violences persiste jusqu'au prochain conflit.

Alors, comment vivre librement, sans violence, et s'aimer les uns les autres de manière durable ?

Aujourd'hui, certains pays possèdent l'arme nucléaire. Ceux qui la détiennent se sentent puissants… jusqu'à ce qu'elle tombe entre les mains d'un fou ou d'un envahisseur.

Gouverner par la peur, par la dissuasion, est-ce la solution ?

La réponse est complexe. Tant qu'existeront la jalousie, l'envie et la convoitise entre peuples, le risque demeurera. Pour instaurer un bonheur partagé, il faut de la confiance et de la coopération. Pour bâtir cette confiance, il est nécessaire d'harmoniser les cultures, de garantir une éducation accessible à tous, une instruction partagée et un libre accès au savoir. Il faut également des infrastructures uniformes et efficaces, assurant à chacun l'essentiel.

« L'hygiène, le traitement des eaux usées, l'eau potable, des logements solides, des voies de circulation sûres, la protection des citoyens, des soins pour la santé, la sécurité alimentaire et l'accès à l'énergie. »

C'est seulement ainsi que des conditions de vie dignes et équitables pourront être garanties pour tous, et qu'un monde plus juste et solidaire pourra exister.

> Mais surtout, il faut SUPPRIMER les ARMES NUCLÉAIRES de la surface de la TERRE.

C'est une priorité absolue !

Les armes de destruction massive sont des instruments de peur et d'abus de pouvoir. L'argent dépensé pour leur fabrication devrait être réorienté vers l'éducation des peuples et l'amélioration des infrastructures essentielles.

[Pour qu'il y ait de la paix partout dans le monde, il faut de l'intelligence.]

Sur le principe, chaque pays du monde, s'il est suffisamment ouvert intellectuellement, devrait adhérer à un protocole d'intérêt commun. Les nations les plus riches ont la responsabilité d'aider les pays les plus pauvres. Cette aide, proportionnelle à leur richesse, devrait se traduire tant par un soutien financier que par un engagement concret dans le développement humain et infrastructurel des nations défavorisées.

Nous, simples humains, avons trop tendance à ne regarder que la surface des choses, à nous focaliser sur l'immédiat et sur notre intérêt personnel, oubliant que nous vivons au sein d'une société interconnectée. Nos dirigeants, eux aussi, souvent incapables d'une vision à long terme, reproduisent ce défaut.

Trop d'égo et trop d'orgueil. Certains ne tolèrent pas d'être entourés d'experts, de scientifiques ou de véritables « sachants » capables de remettre en question leur image de « leader ». Ainsi, la politique devient trop souvent une affaire de pouvoir et d'apparence, plutôt qu'un outil de progrès et de solidarité mondiale.

> « L'image qu'ils veulent donner d'eux est l'image de dirigeants qui savent tout, tout le temps sans l'aide de personne. »

Qu'est-ce qui empêche un représentant de l'État de s'entourer systématiquement d'experts et de scientifiques exempts de conflits d'intérêts ?

Pour une efficacité maximale, il serait pertinent de constituer des équipes composées de professionnels différents les uns des autres. Cette diversité permettrait d'obtenir des points de vue variés, des opinions contradictoires, et ainsi, d'extraire le meilleur de chaque domaine d'expertise. Une telle approche garantirait un jugement critique, objectif et éclairé, pour prendre les décisions les plus justes et adaptées.

Dans l'intérêt d'un pays, les représentants doivent être les garants de notre liberté, de nos valeurs et de notre stabilité, pour chaque citoyen et pour l'avenir de nos enfants. Ils doivent savoir voir loin, expliquer honnêtement et simplement leurs choix, ne jamais se contredire, éviter le mensonge et posséder le charisme nécessaire pour représenter leur nation dans le monde.

Le représentant du peuple devrait également être à l'écoute de ce même peuple, par le biais de référendums si nécessaire. Or, dans la réalité, dès l'élection, le pouvoir du peuple devient limité. Les référendums, censés refléter la volonté populaire, restent sous l'initiative des représentants de l'État. Et aucune disposition légale ne permet de contester ou d'annuler leurs décisions si le peuple s'y oppose.

Ainsi, le peuple n'a souvent d'autre recours que les manifestations ou les grèves. Ces actions, elles-mêmes encadrées par les représentants, sont réglementées pour dissuader, contrôler ou canaliser le mouvement, jusqu'à ce que l'élan citoyen s'épuise.

<u>ATTENTION</u> : Il ne faut pas confondre élire et voter.

« Élire un président, c'est confier notre avenir à une seule personne. Alors que voter, c'est croire qu'en choisissant le bon dirigeant, tout ira mieux. Mais si ce choix s'avère mauvais, nous n'avons plus qu'à patienter jusqu'à la prochaine année d'élection, avant de pouvoir reprendre la parole. »

La liberté semble être de moins en moins présente dans notre quotidien. Pourtant, en surface, la démocratie semble être le reflet de la liberté.

> « *À la condition qu'il n'y ait pas un d'abus de pouvoir ou de trahison du dirigeant.* »

Mais de quelle démocratie parle-t-on ?

Parle-t-on de la démocratie libre ou de la démocratie orientée ?

[Le mot démocratie vient du Grec **« Dêmos »**, qui signifie **« le peuple »**, et **« Kratos »**, qui signifie **« la puissance, le pouvoir. »**]

La démocratie libre n'existe pas. Ou plutôt, elle n'existe plus vraiment. Elle prend ses racines dans la notion d'État. L'État a été créé pour protéger la société et chacun de ses membres. Son rôle est de maintenir l'ordre et la paix, offrant ainsi à l'être humain un cadre de sécurité.

Il y a fort longtemps, en Grèce, le vote était organisé par tirage au sort parmi toutes les personnes souhaitant et se sentant capables de gouverner dans l'intérêt du peuple, sans distinction de culture, de patrimoine, de notoriété, de religion ou de profession.

Dans ce système, les représentants semblaient beaucoup plus proches du peuple.

Les élites fortunées donnaient l'illusion qu'elles ne jouissaient d'aucun privilège particulier, se présentant comme de simples citoyens parmi les autres.

Sur le principe, la véritable démocratie devait permettre à chacun de se présenter tel qu'il est, et de convaincre ses concitoyens par sa sincérité, sa droiture et ses compétences.

Théoriquement, la richesse n'était pas censée être un critère d'influence ou de pouvoir, ni un moyen de détourner la volonté populaire.

Pourtant, déjà à cette époque, comme aujourd'hui encore, l'argent s'est insinué dans les urnes. Le riche candidat, désireux d'être élu, trouvait mille façons d'offrir des avantages, des promesses ou des faveurs, afin d'acheter la bienveillance de ceux qu'il devait simplement servir.

Ainsi, le pouvoir s'est peu à peu éloigné du peuple, au profit d'une minorité privilégiée, laissant la démocratie devenir une façade derrière laquelle se cache la domination économique.

Ce représentant devait incarner à la fois le rôle de :

« Maître du peuple et serviteur du peuple. »

C'est au peuple seul de décider du rôle qu'il souhaite attribuer à son représentant. Un représentant n'a pas à décider de lui-même de tout et pour tout.

Selon les circonstances, <u>si le peuple souhaite que le représentant soit un maître, il doit agir en conséquence.</u>

<u>Et si le peuple souhaite que ce même représentant le représente comme un serviteur, il doit agir en conséquence.</u>

Le plus rationnel semble être un système où le représentant propose et prépare les décisions importantes, mais les soumet ensuite au peuple pour validation, par référendum.

[Ainsi, le peuple conserve la possibilité de trancher et même de revenir sur une décision antérieure, demeurant pleinement souverain.]

La sagesse apparaît également comme une vertu indispensable pour gouverner. Au-delà des paroles, l'expérience fait souvent la différence dans les décisions cruciales. Confier la responsabilité d'un pays à un jeune peut être contre-productif, voire dangereux. Diriger une nation exige de comprendre l'histoire, les besoins, les émotions et la sensibilité de ses citoyens.

Si les jeunes sont parfois moins sages et inconscients, les plus âgés ont généralement davantage de discernement, de diplomatie et de conscience des risques.

Dans l'intérêt du peuple, aucun représentant ne devrait donc pouvoir se présenter avant l'âge de 50 ans.

> « Un bébé à la tête d'un État n'est certainement pas l'idéal. »

Je rajouterais également que le ou la président(e) idéal(e) devrait avoir plusieurs années d'expérience dans le domaine de la gestion publique, des relations internationales ou de la diplomatie. Gouverner un pays ne s'improvise pas. Cela exige une connaissance fine des rouages de l'État, la capacité d'anticiper les conséquences de chaque décision, et surtout un équilibre constant entre raison et humanité.

L'expérience forge le discernement, et le discernement conditionne la justesse des choix. Un dirigeant expérimenté sait qu'aucune décision n'est neutre. Chaque mesure impacte des vies, des familles, l'économie et l'avenir du pays. C'est pourquoi la sagesse et la maturité doivent primer sur toute ambition politique.

La jeunesse, bien sûr, est précieuse pour son énergie, son audace et sa créativité. Mais le pouvoir suprême d'un État exige avant tout mesure, lucidité et compréhension profonde de l'humain. Gouverner ne consiste pas seulement à diriger. C'est servir, avec expérience, humilité et responsabilité.

Dans un monde en perpétuelle mutation, avec des crises écologiques, sanitaires et sociales de plus en plus complexes, il est indispensable qu'un dirigeant sache allier vision à long terme et capacité d'action immédiate. Seul un leadership expérimenté peut coordonner des actions globales, anticiper les crises et protéger les intérêts de son peuple tout en préservant ceux de l'humanité entière.

* Ci-après, le tableau présente l'indice des pays selon leur niveau de démocratie. Il permet de visualiser les différences majeures entre les nations et d'évaluer dans quelle mesure les principes démocratiques, liberté, participation citoyenne, respect des droits et équilibre des pouvoirs, sont effectivement appliqués.

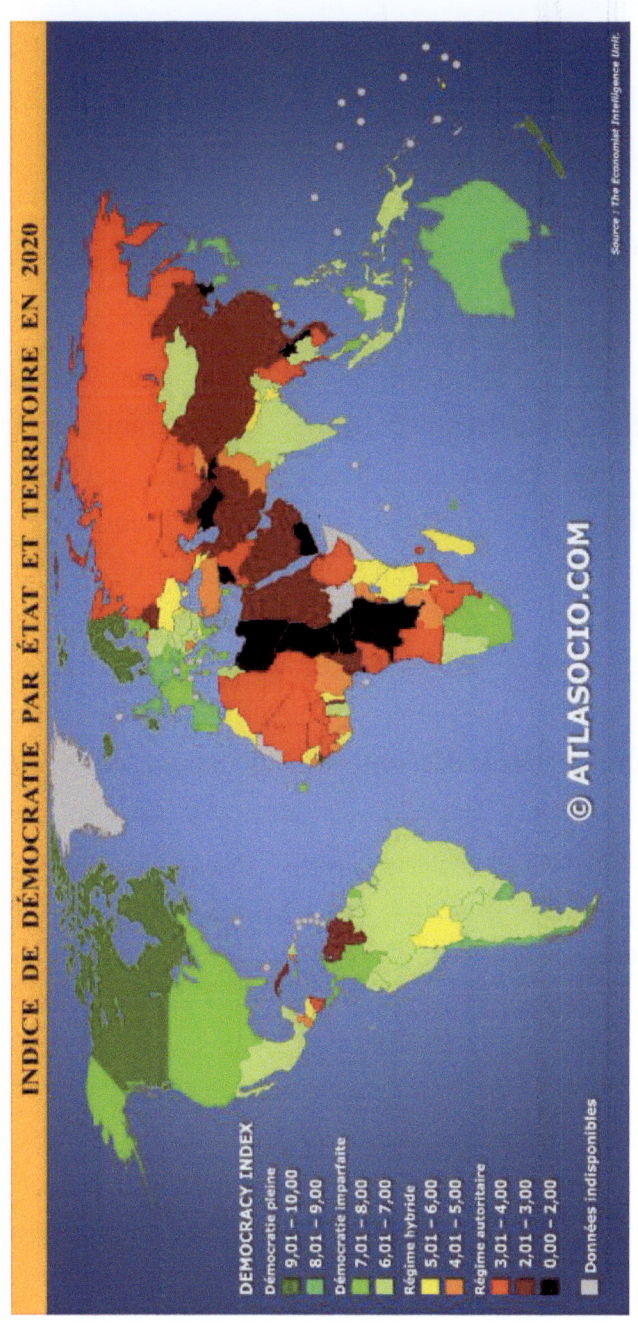

Certaines nations comme la NORVÈGE, la SUÈDE, la NOUVELLE-ZÉLANDE, le CANADA et la SUISSE, semblent incarner une relation harmonieuse avec leur peuple, offrant un exemple de liberté et d'égalité en adéquation avec le mieux-vivre ensemble.

Ces démocraties se distinguent par des principes fondamentaux solides. Elles garantissent une séparation rigoureuse des pouvoirs entre l'exécutif, le législatif et le judiciaire, assurant équilibre et transparence du gouvernement. Les libertés essentielles, presse, expression, association y sont protégées avec constance. La participation citoyenne est active et régulière, permettant aux habitants de prendre part aux décisions qui façonnent leur société, tandis que les élections se déroulent dans un cadre libre, juste et transparent. Enfin, ces pays veillent à la protection des minorités et à l'égalité de tous devant la loi, fondement même d'une véritable démocratie. Nous aurions beaucoup à apprendre de leur exemple.

La liberté est un droit fondamental, non seulement entre voisins, mais aussi avec tous les peuples du monde. La planète n'appartient à personne, ou plutôt, elle appartient à chacun d'entre nous.

Alors pourquoi ne pas pouvoir circuler librement d'un pays à un autre avec simplement nos papiers d'identité pour la durée de notre choix ?

Ouvrir les frontières est une excellente chose. Ne pas le faire, c'est s'isoler. Et si tous ferment leurs frontières, chacun se retrouve isolé des autres et de soi-même. À l'inverse, l'ouverture permet de créer une cohérence avec nos voisins. Nous les acceptons et ils nous acceptent à leur tour. Cela instaure une unité, un sentiment de groupe. D'un petit groupe, on peut créer un grand groupe. D'une petite famille, une grande famille. C'est exactement ce qui s'est passé pour les Européens. De pays indépendants, nous nous sommes réunis autour d'une monnaie unique pour devenir plus unis.

Les frontières entre Européens n'existent pratiquement plus. On peut circuler librement d'un pays à l'autre. Subsiste toutefois la problématique des trafics, qui bénéficient parfois de cette liberté accrue. Mais cela pourra être en grande partie résolu avec la mise en place de la monnaie numérique.

La cohérence d'ensemble est bénéfique. Cependant, pour les populations venant de très loin, de zones défavorisées par exemple, chaque être humain a le droit de vivre dignement avec sa famille dans n'importe quel pays. Sur le principe, cela ne devrait pas poser de problème. Mais selon l'affluence, un afflux massif pourrait créer un déséquilibre dans la société du pays accueillant.

Accepter des populations qui n'ont pas les mêmes coutumes, habitudes civiques ou éducatives implique un temps d'adaptation. Dans un premier temps, le pays accueillant pourrait ne pas bénéficier d'une plus-value immédiate. Mais une fois intégrés, ces migrants contribuent à l'équilibre et à la richesse sociale et économique.

Les migrants qui quittent un pays en crise, avec de la misère, la guerre, la famine ou l'insécurité, n'ont pas véritablement le choix.

Comment pourrait-on leur reprocher de chercher à vivre dignement ailleurs avec leur famille ?

Bien sûr, il existe toujours une minorité malveillante parmi eux, mais cela ne doit pas justifier le refus d'accueillir ceux qui fuient la misère.

[En même temps, il est évident qu'aucun pays ne peut accueillir toute la misère du monde.]

Cependant, au lieu d'agir dans l'urgence ou sous la pression, une étude sérieuse et concertée pourrait déterminer le nombre maximal de migrants qu'un pays peut accueillir de manière durable.

Cette étude prendrait en compte les ressources naturelles disponibles, les infrastructures existantes et à développer, ainsi que les conséquences des changements climatiques à venir, comme la montée des eaux ou la sécheresse, qui réduisent les réserves d'eau potable sur certaines zones.

Un pourcentage d'intégration annuel pourrait être défini pour chaque nation européenne, proportionnel à sa superficie, à sa population et à sa capacité économique.

Cette répartition, commune et équitable, permettrait de préserver la stabilité sociale tout en honorant nos valeurs humanistes.

La France, comme d'autres pays, ne peut agir comme par magie. Un afflux trop rapide crée un engorgement durable. Certains migrants se retrouvent alors parqués, tandis que d'autres tentent de s'intégrer sans papiers ni préparation aux coutumes locales.

> *En ouvrant nos frontières entre Européens, nous offrons un exemple que d'autres pays pourraient suivre.*

Les pays ne voulant pas s'ouvrir, s'isolent. Souvent, ils s'isolent pour conserver le pouvoir et maintenir des règles inchangées depuis des siècles.

Les pays non démocratiques ou mal gérés auront le plus de difficultés à s'ouvrir au monde. Là où les gouvernements sont instables et les coups d'État fréquents, le peuple n'a souvent d'autre choix que de subir ces conditions ou de migrer vers d'autres lieux pour des conditions de vie meilleures.

Il est vrai qu'en démocratie, même si nous imaginons avoir trouvé des conditions proches d'un équilibre parfait, on ne peut pas imposer notre modèle de démocratie à un pays qui n'en veut pas.

Alors, que faire ?

Comment améliorer les conditions de vie d'un peuple dans un pays qui n'est pas le sien ?

[La force n'est jamais la solution.]

Il ne restera sans doute d'autre solution que de patienter quelques dizaines d'années pour certains pays et plusieurs générations pour d'autres, dans l'espoir que le peuple lui-même se soulève et lutte pour l'instauration de la démocratie.

Globalement, il ne faut pas désespérer. Ce changement se produira lorsque les nations estimeront que le moment est venu. Les pays les plus avancés pourront alors ouvrir pleinement leurs frontières, tandis que ceux moins développés les maintiendront fermées, jusqu'au jour où ils adopteront progressivement des règles comparables à celles des pays prospères. À ce moment-là, le monde pourra enfin aspirer à l'unité, et ce sera une véritable bonne nouvelle. A condition que chacun dispose de quoi se nourrir dans son propre pays.

Aujourd'hui, les pays favorisés restent réticents face aux migrations et aux conséquences qui en découlent, et la France n'échappe pas à cette crainte. Il ne s'agit pas ici des migrants venus pour profiter des aides sociales, mais de simples êtres humains qui auraient parfaitement le droit de se déplacer, de résider et de vivre temporairement dans un pays, à condition de subvenir à leurs besoins et de ne troubler personne.

« Bien évidemment, à défaut d'avoir contribué au développement d'un pays, aucune aide financière ne devrait lui être allouée sans l'accord du peuple souverain ou sans qu'un certain nombre d'années de cotisation ait été accompli. »

« Il est toutefois essentiel de rappeler que nous, Français, devons rester indulgents envers les étrangers et, surtout, nous éloigner de toute idée de racisme. En France, nous sommes pratiquement tous, de près ou de loin, d'origine étrangère. Une analyse de sang révélerait pour beaucoup d'entre nous des origines bien plus diversifiées que nous l'imaginons. L'histoire de la France témoigne de nombreuses invasions. Les Gaulois ont été envahis par les Romains, puis les Germains, les Celtes, les Vikings… Tous ces peuples ont contribué à créer le Français d'aujourd'hui. Ce mélange historique a façonné notre diversité, et il nous rappelle que la mixité est au cœur de notre identité. »

> Être Français, est un assemblage d'étrangers depuis toujours.

L'ouverture d'esprit de nos représentants doit évoluer. La peur qui les habite mérite une réflexion approfondie afin de dépasser les émotions qui brident leur volonté et troublent leur vision.

Cependant, n'est-il pas évident que montrer au reste du monde notre équilibre de vie, sans anticiper l'envie que cela suscite chez les populations des pays défavorisés, les incite à vouloir rejoindre nos sociétés ?

Y a-t-il alors une alternative plus respectueuse et pérenne pour l'épanouissement des peuples des pays défavorisés ?

Il ne tient qu'à la volonté de nos représentants de s'interroger sur les causes profondes et les implications futures, et de prendre le temps d'expliquer ces enjeux aux citoyens. La solution pérenne ne consiste pas à accueillir un grand nombre ou même un petit nombre de migrants sur un territoire donné. Certes possible à court terme si les structures sont préparées, mais cette approche devient problématique à long terme. Selon l'afflux de population, des tensions sociales et culturelles apparaîtront inévitablement, nos structures d'accueil atteindront leurs limites et nos ressources naturelles seront mises en péril.

Il est donc temps d'instaurer une volonté collective entre les États favorisés pour soutenir les peuples dans le besoin.

ATTENTION : Il ne s'agit pas de donner de l'argent en échange du droit d'exploiter leurs ressources naturelles (uranium, diamants, pétrole, etc.), mais de les accompagner pour construire avec eux les infrastructures nécessaires dans leur pays. La base de cette avancée réside dans le partage des connaissances.

L'être humain est intelligent, quel que soit son origine, sa situation financière, culturelle ou religieuse. Chaque personne, correctement nourrie et éduquée, doit avoir accès à l'instruction, quel que soit son âge ou sa situation géographique.

[L'instruction est inévitablement la base du savoir pour tous.]

Dans le monde, l'accès à l'alphabétisation n'est pas toujours facilement accessible. Beaucoup d'enfants ne vont pas à l'école. Trop souvent, la misère oblige les parents à faire travailler leurs enfants dès que cela est possible.

Dans le tableau ci-dessous, l'alphabétisation dans le monde en pourcentage.

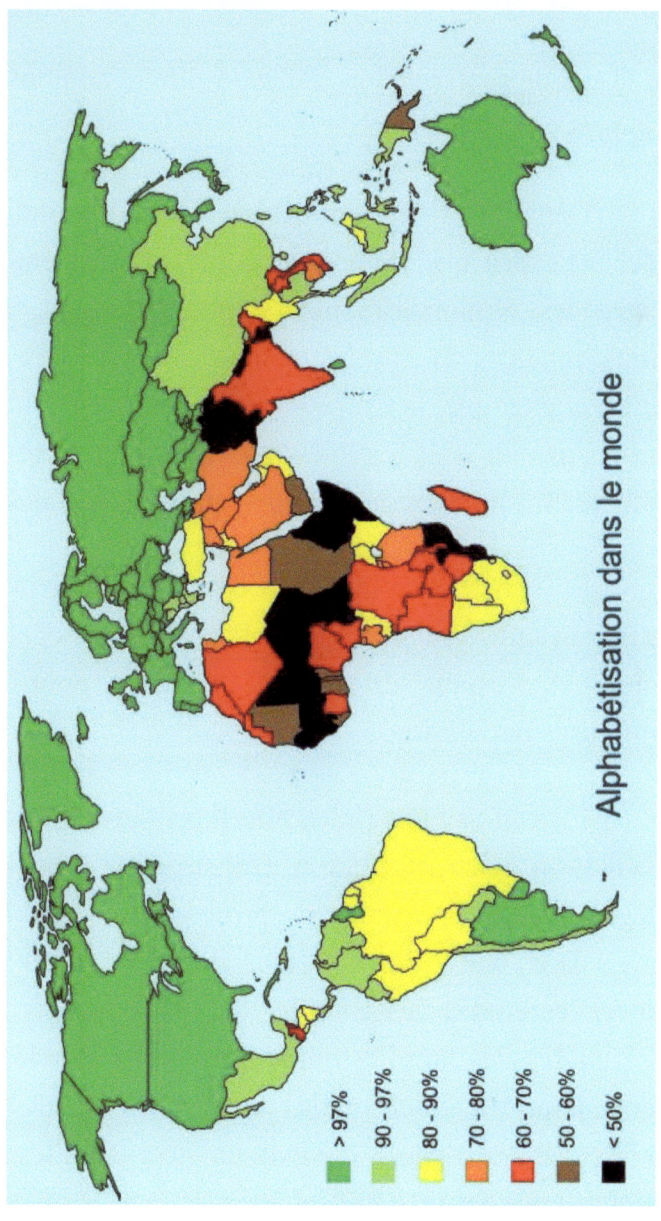

- Le 'Taux d'alphabétisation' : c'est-à-dire le nombre de personnes qui savent lire et écrire.

- Le 'Taux de scolarisation' : c'est-à-dire le nombre de personnes qui vont à l'école.

Dans le tableau ci-dessus, il faut toutefois garder à l'esprit que l'étude concerne principalement les grandes agglomérations. Malheureusement, les régions reculées et rurales restent souvent très en retard. Par exemple, la Chine apparaît comme ayant un très bon niveau d'éducation, mais cela ne reflète en réalité que la situation des grandes villes principales.

Et sur le continent africain, les difficultés restent particulièrement importantes, et cette inégalité compromet l'espoir d'une vie meilleure pour de nombreuses populations.

Plus un pays est riche, plus il peut investir dans la formation de sa population. Construction d'écoles, collèges, lycées, embauche de professeurs, etc… De même, dans une famille aisée, il est possible de financer les études des enfants. À l'inverse, dans les pays pauvres, les familles ont souvent besoin de leurs enfants pour travailler ou les aider dans les tâches quotidiennes, et l'école devient un luxe qu'elles ne peuvent se permettre.

Dans cette situation de misère, certains pays n'hésitent pas à exploiter les enfants : travail dans les mines, les champs agricoles ou dans les usines, produisant des biens destinés aux pays développés. Les enfants représentent alors une main-d'œuvre peu coûteuse et très rentable pour les exploitants. Dans d'autres contextes, lorsqu'il n'y a pas suffisamment d'adultes, les enfants sont même enrôlés pour participer à la guerre.

> *« Le sous-développement et la pauvreté sont donc une partie de l'origine de l'analphabétisme. »*

Les personnes analphabètes sont souvent condamnées à la pauvreté, à la soumission et à l'exploitation par des entreprises sans scrupule.

Dans les pays favorisés, le rôle des parents dans l'éducation des enfants est déterminant. L'alphabétisation des parents a un impact direct sur la croissance démographique. La mortalité infantile diminue, l'espérance de vie augmente et les taux de scolarisation progressent.

Les enfants sont le prolongement de l'humanité. Ils sont nos héritiers. Ils prendront en main leur destin et celui de leur pays, et devront s'investir pour l'avenir du monde.

Mais comment pourraient-ils réussir si personne ne leur donne les moyens de s'instruire ?

Dans certains pays, l'instruction est pratiquement inexistante, et les droits des enfants sont également bafoués. Certains États semblent démunis, d'autres totalement désintéressés par la vision d'un avenir meilleur pour leurs jeunes.

« Comment un pays pourrait évoluer si ses propres enfants ne sont pas protégés par des droits communs et instruits par une école gratuite et obligatoire ? »

*Ci-après, le tableau présente l'état du droit des enfants dans le monde. Il permet de visualiser les disparités entre les pays et d'évaluer dans quelle mesure les enfants peuvent bénéficier d'une protection juridique, d'accès à l'éducation, et d'une vie digne, à l'abri de l'exploitation et des abus.

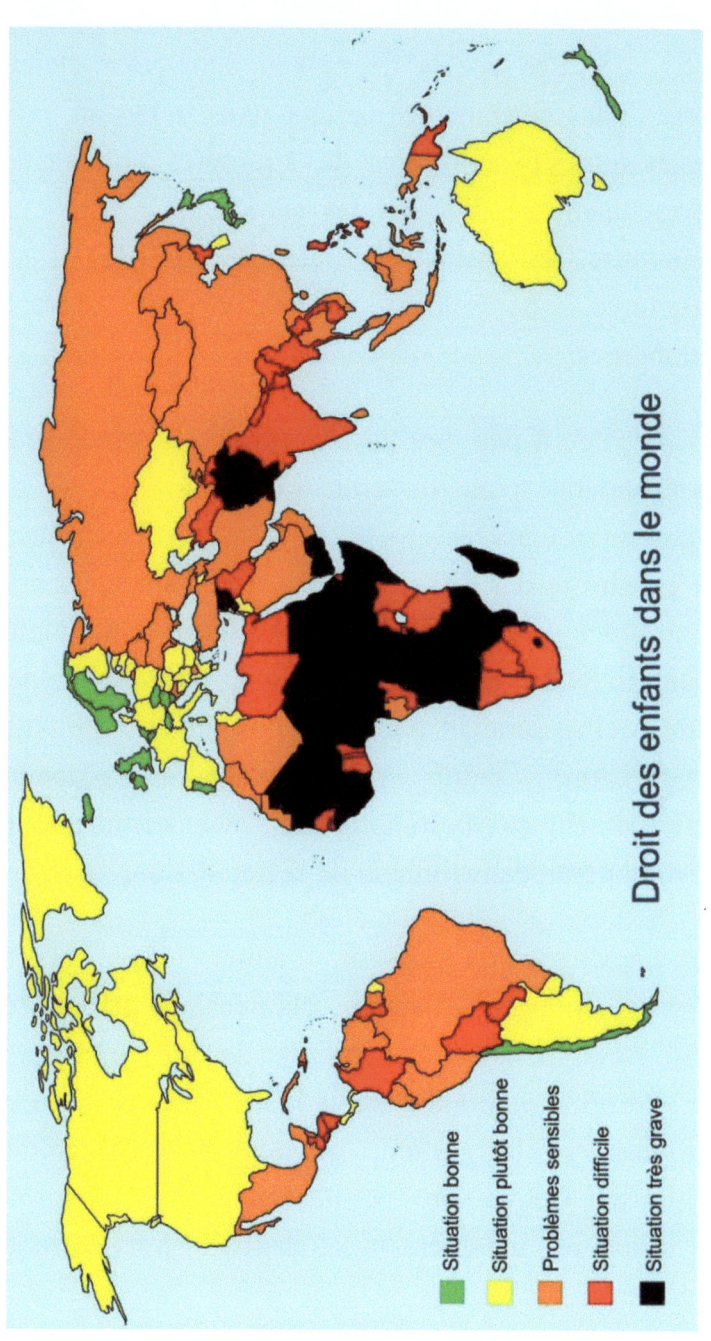

Si des écoles de niveau équivalent étaient créées dans chacune des nations dans le besoin, et si des systèmes de contrôle et des structures diplômantes permettaient de délivrer des certificats et diplômes reconnus, les peuples, soutenus par des États structurés, pourraient progressivement devenir autonomes.

Peu à peu, ces pays pourraient atteindre une indépendance totale. Ils seraient en mesure de créer ou d'améliorer leurs réseaux téléphoniques et électriques, de construire des routes et des bâtiments adaptés aux contraintes géographiques et techniques, et de mieux réguler, voire réduire, leur pollution. Des zones industrielles seraient planifiées de manière optimale, l'agriculture serait repensée pour répondre efficacement aux besoins locaux, et le commerce se développerait dans l'intérêt de la population.

Chaque individu aurait la liberté d'entreprendre, les règles seraient comprises et respectées par tous. La pratique de chaque religion serait libre et harmonieuse, la justice plus proche des citoyens, et la gestion des ressources naturelles optimisée. Ces mesures permettraient à ces nations de se structurer durablement et de prospérer en toute autonomie.

(Voir sur le sujet, le Tome 3 : Justice, l'intérêt d'un ordre mondial, ainsi que le Tome 4 : Des règles pour un monde meilleur.)

Avec l'instruction, l'analphabétisme disparaîtrait et l'ensemble de l'humanité en sortirait gagnant. L'éducation, associée à la volonté individuelle, multiplierait naturellement les idées et favoriserait l'évolution.

En augmentant le nombre de pensées et de réflexions, de nouvelles technologies verraient le jour, et le partage des connaissances pour aider les peuples dans le besoin deviendrait un mécanisme pérenne. De cette manière, chaque peuple pourrait prospérer chez lui, sans avoir besoin de migrer vers d'autres pays pour une vie meilleure. Les migrations massives disparaîtraient, car chacun trouverait un espoir concret dans la construction et l'amélioration de son propre pays.

<u>Chaque peuple vivrait alors dans le bonheur.</u>

Bien sûr, il existera toujours un risque que certaines connaissances soient utilisées à de mauvaises fins.

Mais de quelle mauvaise intention parle-t-on réellement ?

Si les peuples s'unissent autour d'un partage structuré des connaissances, orchestré à l'échelle mondiale, cela ne se fera pas en quelques jours ou mois, mais sur plusieurs générations.

<u>Les peuples deviendraient alors solidaires les uns des autres.</u>

Pour que cette évolution perdure, les grands dirigeants du monde devront s'engager sur le long terme et poursuivre cet objectif de manière constante. Ce partage unifiera les nations comme jamais auparavant. Ainsi, chaque pays chercherait à mieux s'organiser et à pérenniser son développement.

Il existera toujours une minorité réfractaire, animée par le chaos, plutôt que par l'éducation, souvent pour des raisons psychologiques. Certaines tribus ou communautés reculées continueront de vivre selon leurs propres règles et coutumes, sans s'intéresser à la vie moderne. Leur mode de vie doit être respecté, car l'essentiel est qu'ils vivent heureux et épanouis selon leurs choix. Le contraire serait dramatique.

[Il ne faut surtout pas reproduire l'histoire tragique qu'a subie le peuple Amérindien. Les Mohicans, les Pawnees, les Hurons, les algonquins, les Crées, les

Inuits, les Micmacs, les Powhatans, les Séminoles, les Comanches, les Nootkas, les Cherokees, les Iroquoiens, les Apaches, les Sioux, les Cheyennes, les Navajos......]

Dans notre diversité humaine, chacun possède son caractère, sa liberté de pensée et sa liberté d'opinion. Cette diversité n'est pas un obstacle, mais une richesse. C'est grâce aux différences d'opinions que surgissent les meilleures idées, que naissent les innovations et que la critique nous pousse à donner le meilleur de nous-mêmes.

Dans une population en expansion permanente, une question légitime se pose.

Comment vivre ensemble avec autant d'êtres humains en devenir ?

Quelle place la liberté de culte doit-elle occuper dans l'épanouissement de chacun ?

Les religions sont-elles génératrices de bienveillance ou de malveillance ?

Généralement, la religion a pour rôle d'apaiser l'esprit humain et d'entretenir un équilibre moral, préparant par nos actes la vie future. Mais certains n'ont pas compris ou ne veulent pas comprendre. La religion peut être détournée par des fanatiques, extrémistes ou manipulateurs.

Il ne devrait jamais y avoir de crainte ou de réticence envers une personne pratiquant telle ou telle religion. Chacune doit pouvoir être exercée dans le respect et la convivialité, dans le seul et unique intérêt du vivre-ensemble.

Malheureusement, la liberté de culte n'est pas universellement respectée. Dans certains quartiers et grandes villes, on rencontre encore des tentatives de conversion forcée. Par le passé, les religions ont servi de prétexte aux guerres, et aujourd'hui elles continuent parfois à diviser silencieusement. La cause principale réside bien souvent dans l'action de fanatiques qui, au lieu de transmettre un message de paix, détournent la foi pour imposer leur idéologie.

Le vivre-ensemble religieux implique la compréhension et l'acceptation de chaque religion, à condition qu'elle respecte un minimum de règles communes. Par exemple, rendre les lieux de culte visitables, observer les prières de manière ouverte et prononcer les prêches dans la langue du pays pour faciliter la compréhension et le dialogue.

Pour préparer les générations futures, il serait judicieux d'intégrer à l'école primaire un enseignement approfondi sur la laïcité et les religions, non pas pour promouvoir une croyance, mais pour favoriser la compréhension mutuelle. Cette « laïcité informative » permettrait d'éduquer les enfants sur le monde religieux qui nous entoure, afin de prévenir les conflits et éviter les rumeurs ou l'instrumentalisation religieuse.

L'histoire des religions, comme celle de la mythologie grecque, devrait être enseignée pour comprendre l'influence des croyances sur les Hommes et les sociétés, et non pour imposer une foi. L'objectif est de PROTÉGER L'ENFANT, futur adulte, d'éventuelles radicalisations et de promouvoir un environnement de respect et de dialogue.

Certains pays ont réussi à séparer l'État et la religion, garantissant ainsi une neutralité religieuse pour tous, protégeant la liberté de conscience. Dans ces pays, chaque citoyen peut pratiquer sa religion dans les lieux appropriés, sans financement public, et l'État contrôle seulement la proportion des constructions de lieux de culte selon le nombre de pratiquants.

Dans les pays où la religion est d'État, elle est souvent mêlée à la politique, dictant des règles sur le mariage, la famille, le divorce, la contraception ou l'avortement. Les autres religions y sont souvent marginalisées, et les fidèles subissent une reconnaissance inégale, voire humiliante.

La laïcité, telle qu'elle doit être appliquée, protège chacun. CROYANT PRATIQUANT ou NON-PRATIQUANT, et assure un cadre harmonieux pour le vivre-ensemble. L'éducation et l'enseignement de ces principes sont indispensables pour préparer une société unie, respectueuse et tolérante.

> Aussi, n'oublions pas les athées, qui légitimement, ont parfaitement le droit **de ne croire en rien**.

Pour les non-pratiquants, les religions d'État ne sont pas toujours bienveillantes. Dans certains pays, il arrive même que les citoyens soient contraints de pratiquer la religion officielle. L'ostracisme, la discrimination, le rejet, la persécution, voire la condamnation peuvent aller de l'amende jusqu'à la peine de mort. Dans ces contextes, tous ceux qui osent exprimer publiquement leur refus ou leur scepticisme envers la croyance dominante s'exposent à de terribles conséquences.

Dans le tableau ci-dessous, sont présentées les relations juridiques entre les États et les religions du monde.

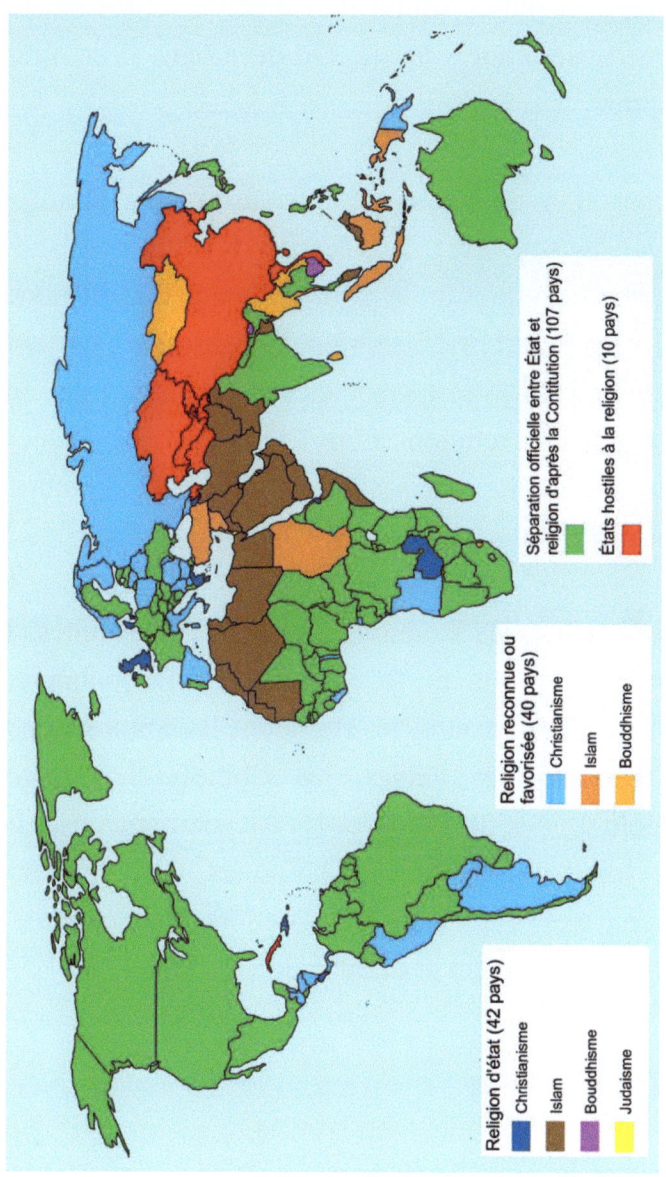

Les religions ne devraient jamais être un prétexte à la division. Depuis toujours, l'être humain ressent, au plus profond de lui-même, qu'il existe « autre chose » après la vie. Ou du moins, il en nourrit l'espoir.

Il y a plusieurs millénaires, les premières croyances sont nées dans les tribus de la préhistoire, façonnées par la peur, la nature et le mystère du monde. Peu à peu, ces croyances se sont transmises, enrichies et structurées avec les sociétés naissantes. Elles sont devenues des religions POLYTÉISTES, où plusieurs dieux et divinités régissaient les forces de la nature et la destinée des hommes.

Chez les Romains, les Grecs, les Celtes, les Germains, les Slaves, les Finnois, les Mésopotamiens, les Égyptiens anciens, les Berbères, les Shintoïstes, les Bouddhistes, les Perses, les Chinois, les peuples précolombiens du Pérou et les Mésoaméricains, ainsi que les civilisations préislamiques, chaque peuple vénérait ses propres divinités, reflets de sa culture, de son environnement et de sa vision du monde.

Puis, au fil de l'évolution culturelle et spirituelle de l'humanité, le MONOTHÉISME est apparu. Il a marqué un tournant dans la pensée religieuse. Les anciennes croyances se sont effacées ou transformées, certaines se sont consolidées et d'autres ont disparu, tandis que de nouvelles ont émergé, redéfinissant le rapport de l'Homme au divin et à lui-même.

> Trois religions vont se partager le même DIEU.

« Le Judaïsme, Le Christianisme et L'Islam. »

Ces trois grandes religions monothéistes se sont construites autour de structures solides, ainsi que d'écrits. Chacune d'elles s'appuie sur des retranscriptions d'événements, des enseignements et des préconisations destinés à guider la conduite de l'Homme au sein de la communauté. Ces textes, considérés comme sacrés, sont rassemblés dans des ouvrages de référence : la TORAH, la BIBLE et le CORAN.

Cependant, il ne faut pas imaginer qu'une seule personne ait rédigé ces textes dans leur totalité, d'un seul trait. En réalité, ils sont le fruit de multiples voix et générations d'auteurs : des témoins de leur temps, des scribes, des disciples, des sages, qui ont chacun consigné ce qu'ils avaient vu, entendu ou compris.

Au fil des siècles, ces récits ont été rassemblés, recopiés, traduits, puis parfois adaptés selon les contextes culturels ou politiques de leur époque, dans l'objectif d'unifier les peuples et de maintenir la cohésion sociale.

Ainsi sont nés les textes sacrés, fondations spirituelles et morales de civilisations entières. Cette réalité historique ne remet nullement en cause la foi ni l'existence de Dieu. Elle souligne simplement que l'Homme, dans son humanité et son imperfection, a toujours cherché à interpréter le divin à travers sa propre compréhension.

Pourtant, malgré leurs origines spirituelles communes, ces religions ont souvent été utilisées comme prétextes pour justifier des guerres, provoquant des souffrances et la mort de nombreux innocents.

Ironie de l'Histoire, ces trois religions, pourtant issues d'une même racine, ont parfois été opposées alors qu'elles prônent toutes, à leur essence, la paix, la justice et l'amour de son prochain.

> *« La religion a vocation à être comme un compagnon de route. Elle oriente les peuples pour se respecter et s'aimer les uns et les autres. Elle se veut rassurante, convaincue que le bien de chacun réside dans le bien de tous. Elle a vocation à propager la bienveillance et la générosité. Les religions ne doivent pas être une compétition, mais une collaboration. »*

*Ci-après, le tableau représentant la répartition des principales religions dans chaque pays du monde. Ce tableau met en évidence la diversité spirituelle de notre planète et illustre la manière dont les croyances se répartissent selon les continents, les cultures et les traditions locales.

Il permet également de mieux comprendre les zones d'influence religieuse, les régions où coexistent plusieurs confessions, ainsi que celles où une religion dominante structure la vie sociale et culturelle.

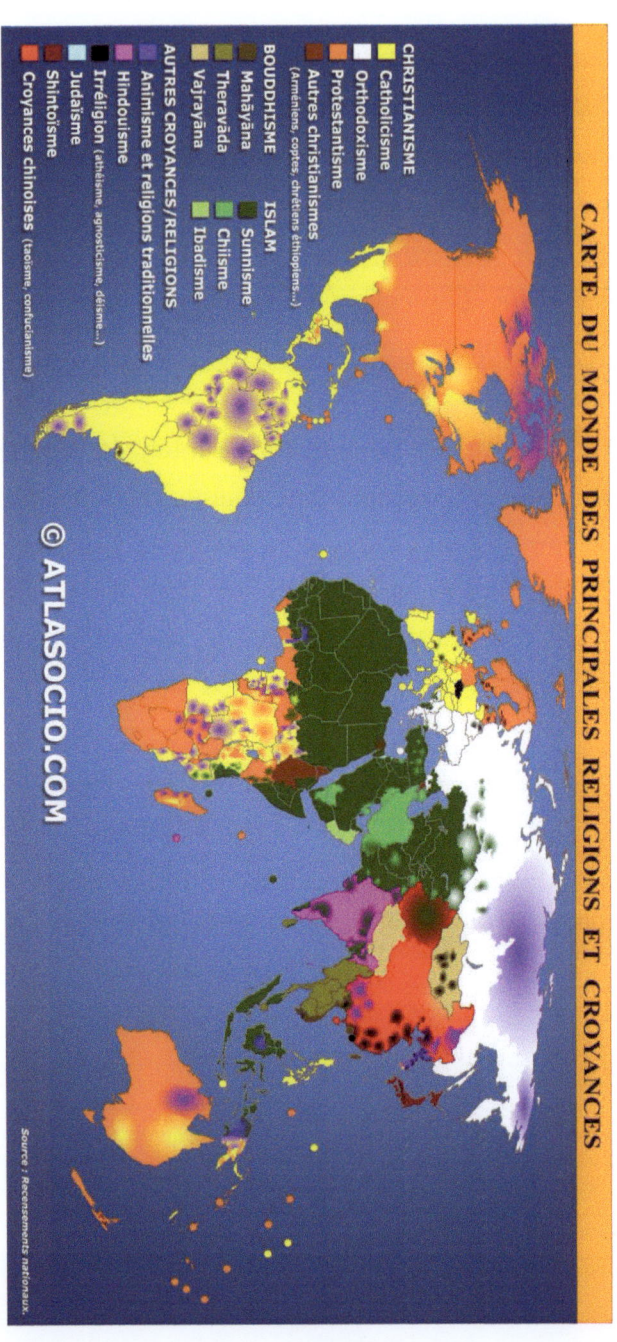

Chaque responsable religieux, représentant les différentes confessions du monde, devrait se réunir pour participer à la rédaction d'un manuel universel de fraternité, véritable CHARTE du respect et de la compréhension mutuelle.

Ce document n'aurait pas vocation à remettre en cause les croyances de chacun, mais au contraire à mettre en lumière le lien profond qui unit toutes les religions, au-delà de leurs différences.

Il permettrait aux fidèles de mieux comprendre que, quelles que soient leurs pratiques ou leurs traditions, l'essence spirituelle reste commune. La paix, l'amour et le respect de l'autre.

Les signes extérieurs, tels que les vêtements religieux portés dans l'espace public, souvent sources de débats ou de divisions, pourraient y être abordés de manière apaisée. Les représentants religieux y apporteraient leur parole concertée, dans le respect des spécificités culturelles et des lois de chaque pays.

Une telle démarche éducative éviterait de nombreux malentendus et contribuerait à renforcer la cohésion entre les communautés pour un véritable mieux-vivre ensemble.

Ainsi, les convictions religieuses seraient respectées, les relations humaines apaisées, et les fidèles, quelle que soit leur religion, pourraient enfin se considérer comme des frères spirituels et non comme des opposants.

Pour réaliser cette charte, il serait essentiel que les représentants des trois grandes religions mondiales se réunissent afin de poser les bases d'un dialogue commun :

- Le représentant de la religion ISLAMIQUE,
- Le représentant de la religion CHRÉTIENNE,
- Le représentant de la religion HINDOUE.

Autour de ce tronc commun viendraient naturellement se joindre toutes les autres confessions religieuses, sans oublier la présence d'un sage représentant les non-religieux et les ATHÉES, afin que ce manuel reflète fidèlement toute l'humanité dans sa diversité et sa richesse spirituelle.

Sans doute, la plus grande difficulté pour réaliser ce tronc commun sera d'identifier un représentant unique pour chaque grande religion.

Pour les chrétiens, le **Pape** « Papa » en latin, est choisi par le vote des cardinaux réunis en conclave.

Comme un père, il veille sur sa famille spirituelle et guide tous ceux qui croient en **Dieu**, en **Marie** et en **Jésus-Christ**.

Pour les musulmans, il n'existe pas de représentant unique. Le plus proche est l'**Imam**, mais ils sont des milliers à travers le monde, chefs de leur communauté. Historiquement, le terme « Imam » vient de l'expression **Amir al-mu'minīn**. « Commandeur des croyants ».

L'Imam n'est pas responsable d'une ou plusieurs mosquées comme un prêtre catholique pourrait l'être. Il est souvent bénévole et exerce parallèlement une autre profession. Les mosquées sont généralement gérées par des associations loi 1901, elles-mêmes dirigées par un président.

Dans ce contexte, il est difficile d'obtenir un représentant unique capable de prendre des décisions universelles pour apporter une parole unique afin de favoriser un véritable mieux-vivre ensemble.

Cette absence de hiérarchie centralisée rend parfois la coordination complexe, notamment lorsqu'il s'agit d'unir les communautés autour de valeurs communes. Chaque mosquée fonctionne de manière autonome, avec ses propres sensibilités culturelles, sociales et religieuses. Cela crée une diversité de pratiques qui, bien que riche, peut aussi être source d'incompréhension ou de division si le dialogue interreligieux et citoyen n'est pas suffisamment encouragé.

Quelques principes pourraient néanmoins faciliter l'harmonie religieuse. Par exemple, les prêches pourraient être exprimés dans la langue du pays où se situe le lieu de culte. Cela permettrait de se comprendre tous, quel que soit le lieu de culte ou la religion.

Cela éviterait les amalgames entre générations ne maîtrisant pas la langue ancestrale du prêche, cela éviterait de perdre des pratiquants qui ne comprennent plus la langue historique du prêche, et cela constituerait un exemple concret d'union fraternelle, à la fois nationale, et par extension, mondiale.

Si une telle entente pouvait se concrétiser, un manuel religieux commun, rassemblant les principes essentiels de toutes les croyances, pourrait alors être établi sans grande difficulté. Même, si trop souvent, l'Homme se focalise sur les détails qui divisent, plutôt que sur ce qui unit.

> « Ne répétons pas les erreurs du passé. L'histoire nous rappelle que trop de guerres ont été menées au nom de la religion. »

Malheureusement, les guerres persistent aujourd'hui encore pour de multiples raisons. Or aucune religion digne de ce nom ne peut légitimer réellement ces violences.

C'est pourquoi les responsables de chaque croyance doivent pouvoir intervenir, de manière diplomatique mais ferme, et se réunir pour tout mettre en œuvre afin d'éradiquer cette barbarie.

Lorsqu'une religion ne condamne pas clairement ces actes, qu'elle n'en rappelle pas les conséquences spirituelles et morales sur leurs âmes dans l'après-vie, ou ne s'engage pas activement pour les faire cesser, elle se rend, d'une certaine manière, complice. Son silence peut être perçu comme une forme d'acceptation ou de tolérance.

Les chiffres récents montrent une aggravation des conflits à motivation religieuse. Ces dernières années, 33% de la population mondiale vit dans des pays où de nombreux conflits religieux sont enregistrés. Contre 20% en 2010. Les hostilités, violences ou dénigrement entre les différents groupes religieux, (Chrétiens, Juifs, Musulman et autres, n'ont jamais été aussi élevés. Et la tendance ne montre pas de signe d'amélioration.

Des individus radicalisés commettent des atrocités au nom de Dieu. Ils violent les femmes et les jeunes filles devant leurs parents. Ils torturent les jeunes hommes et quelques fois avec un grand sourire. Et en plus, ils prennent des photos souvenirs de leurs atrocités.

[Selon l'Organisation non gouvernementale Save the Children (ONG), dans de nombreux pays d'Afrique, les djihadistes sévissent régulièrement pour enlever des dizaines d'enfants dont de nombreuses très jeunes filles lors de raids répétés. Ces enfants sont utilisés comme objet sexuel et soumis à la violence excessive pour de nombreux autres trafics en tout genre.]

« Ces actes sont d'une cruauté innommable. »

Malheureusement, l'horreur ne s'arrête pas là. Après avoir violenté et séquestré des femmes, certains groupes prennent les enfants pour leur imposer une idéologie et les formater à la soumission, puis les enrôler dès qu'ils atteignent l'âge requis. Pour ces fanatiques, ces actes sont considérés comme

«NORMAUX». Pour nous, ils relèvent d'une déshumanisation totale.

Chaque jour, dans les zones de conflit, des femmes sont traitées comme des marchandises ou des animaux en batterie, elles ne sont considérées que comme des instruments de reproduction et pour assouvir les soldats. Voilà le triste sort que subit une partie de l'humanité. Des personnes incapables de se défendre, paralysées par la peur.

« AU NOM DE DIEU ! »

Combien de fois ce prétexte a-t-il été invoqué pour justifier l'innommable ?

Cette logique est absurde !

Il semble que pour la majorité de ces individus, une chasse aux hommes qui ne partagent pas la même foi est déclencher.

A leur yeux : Dieu tout-puissant, qui à créer le monde, les Hommes et l'Univers, ne serait donc pas capable de se défendre tout seul.

> *« Dieu, aurait-il besoin de pauvre humain pour défendre son nom ? »*

Un terroriste se proclamant agir au nom de Dieu, qu'y croie véritablement en Dieu, est censé accepter les directions naturelles et divines après sa mort. (L'Enfer, le Purgatoire ou le Paradis). Selon ses propres actes.

De manière générale, l'homme qui a commis un acte de violence délibéré sur l'Homme, doit être jugé et puni par l'Homme.

Alors pourquoi, ces hommes, au nom de la religion ou d'une idéologie, s'organisent pour générer de la violence ou des meurtres pour se retrouver soit même criminelle et risquer d'être condamné par l'Homme de son vivant, puis par les Esprits après sa mort ?

Cela n'a pas de sens !

COMPLÉMENT D'INFORMATIONS :

« Quelle est la différence entre un meurtrier et un assassin ? »

- Pour l'homicide volontaire, qui n'a pas été prémédité, il s'agit d'un meurtre.
- Pour l'homicide volontaire qui a été prémédité, il s'agit d'un assassinat. « Un Assassinat Prémédité ».

Signifiant que l'action de tuer a été planifiée à l'avance et mûrement réfléchie par son auteur.

Un Homme psychologiquement structuré, qui tue volontairement une autre personne deviendra inévitablement un criminel. Il n'y a pas de dérogation ou de tolérance. Même au nom de Dieu.

La loi distingue, juridiquement, le meurtre non prémédité de l'assassinat prémédité. Dans tous les cas, tuer délibérément reste un crime. Qu'il s'agisse d'un individu moralement structuré ou d'une personne déséquilibrée psychologiquement, la société doit répondre par la justice pénale, ou, si nécessaire, par des mesures de soin et de sécurité appropriées.

Si nous n'agissons pas, de nouveaux fanatismes pourront naître et réduire encore notre liberté. Les extrémistes qui cherchent à asseoir un ordre fondé sur la terreur détruisent toute humanité autour d'eux. Ils excluent les faibles, les handicapés, les « INUTILES », et transforment des êtres en objets de jouissance ou d'exploitation. Ce sont des destructions de vies et d'âmes, propres à la loi de la jungle la plus barbare.

Comment ces monstres naissent-ils ?

La question renvoie à des facteurs complexes. Désespoir, endoctrinement, ruptures sociales, pathologies individuelles, manipulations politiques et contextes de guerre. Mais leur logique reste inacceptable et doit être combattue avec la plus grande fermeté.

Ils ne sont pas croyants. Ou plutôt, ils croient ce qui les arrange, nourrissant leur soif de mal-être ou leur besoin d'exister au sein d'un groupe pour servir une idéologie. Leur foi est déformée, instrumentalisée, vidée de toute spiritualité véritable. Ils utilisent la religion comme un prétexte pour justifier la haine, la violence ou la domination, alors qu'aucun texte sacré ne prône de telles dérives. Ces fanatiques cherchent avant tout un sens à leur vie, une appartenance, mais au lieu de trouver la paix intérieure, ils sombrent dans le fanatisme destructeur, entraînant d'autres âmes perdues dans leur illusion de puissance et de justice.

« Ces fanatiques, s'ils ne sont pas punis dans cette vie pour toutes les atrocités qu'ils ont infligées à leur entourage, devront répondre de leurs actes quand ils ne seront plus de ce monde. »

« La liberté, c'est pouvoir agir, penser et choisir sans être soumis à la volonté ou à la domination d'autrui. »

CHAPITRE II

L'Exponentielle Croissance de la Population

La population humaine mondiale augmente inexorablement, sans discontinuer. Cette multiplication est le fruit de l'amour entre les êtres et pourrait également refléter un certain bien-être psychologique et un équilibre sociétal. Une sérénité.

Cependant, la natalité la plus élevée se concentre majoritairement dans les pays défavorisés, souvent marqués par une grande précarité. Pour comprendre cette situation, il est légitime de se poser plusieurs questions.

Les naissances sont-elles toujours un choix conscient ?

S'agit-il parfois de négligence contraceptive ?

La contraception est-elle disponible, accessible et légale dans tous les pays ?

La démographie mondiale augmente à un rythme exceptionnellement rapide. Même si certains pays connaissent une légère baisse ou une stabilisation, cette croissance continue ne présage rien de bon pour l'avenir.

Comment cohabiter de manière pacifique et harmonieuse si la population ne cesse d'augmenter ?

Ce nombre exponentiel engendrera inévitablement des désordres. L'épuisement des ressources naturelles telles que l'eau et la nourriture et de l'amplification des tensions sociales et de la violence, locales et globales.

L'exemple de la pandémie de Covid-19 nous a offert un aperçu. Le confinement et la restriction de la liberté ont accru l'irritabilité, la violence domestique et les trafics. De nombreux couples se sont séparés, des femmes et des enfants ont été victimes de violences, les consultations psychiatriques ont explosé, et le nombre de suicides a augmenté.

Dans quelques décennies, lorsque l'afflux migratoire deviendra plus important, les zones densément peuplées seront les premières à en subir les conséquences. Dans les pays où les armes circulent déjà librement, la peur généralisée poussera certains habitants à se défendre par tous les moyens, tandis que d'autres s'entre-tueront pour des raisons insignifiantes.

Pour limiter la violence, des réglementations toujours plus strictes seront nécessaires. Cependant, elles ne pourront pas empêcher l'augmentation du stress et des tensions sociales. Aussi, la multiplication des catastrophes naturelles, aggravée par l'urbanisation intensive et le bétonnage des zones qui modifie l'infiltration des eaux pluviales, et également les difficultés croissantes liées à l'alimentation, à l'accès à l'eau et à l'emploi, rendront la vie quotidienne encore plus complexe.

La croissance démographique mondiale, si elle n'est pas anticipée et gérée collectivement, représente un défi majeur pour l'équilibre social, économique et environnemental de notre planète.

Nos infrastructures ne sont pas extensibles.

Prenons l'exemple d'une route en milieu urbain. Si la population double, la circulation doublant à son tour, les routes existantes, limitées par les bâtiments de part et d'autre de la chaussée, ne pourront pas s'agrandir. Dans cette configuration, il devient impossible pour tous de circuler de manière fluide et sécuritaire en ville.

Pour pallier ce problème, une solution envisageable est la limitation progressive des véhicules individuels dans les grandes agglomérations. L'objectif serait d'orienter progressivement la ville vers un réseau privilégiant les piétons et les cyclistes. Les conducteurs devraient alors stationner leurs véhicules à proximité de la ville et poursuivre leur trajet à pied ou par transport en commun.

L'augmentation de la population engendre également un risque accru de pauvreté. Dans ce contexte, les bidonvilles se multiplient et l'insécurité croît proportionnellement. Si l'époque de la vie tranquille n'est pas si lointaine, notre société se dirige vers des défis urbains et sociaux majeurs, et il est crucial que nos représentants prennent pleinement conscience de la situation.

Pour protéger la population, une des mesures qui se généralise est la mise en place de caméras de surveillance dans nos rues. Elles ont pour fonction de surveiller l'instant présent, mais également d'enregistrer les vidéos pour revenir les consulter en cas de besoin. Rétroactivement, ces caméras sont même utilisées pour retracer le cheminement d'un individu.

Aussi, chaque appel téléphonique ou envoi de sms sont enregistrés sur des tours électroniques d'enregistrement durant des années, dans des lieux tenus secrets et réécoutés sur une période bien précise pour prouver par exemple, les allégations d'une personne suspectée dans le cas d'une procédure judiciaire.

« Pour notre sécurité. »

Bien que ces dispositifs puissent sembler intrusifs et peu populaires, ils deviennent souvent nécessaires et acceptés par les citoyens pour garantir la sécurité dans un environnement densément peuplé. Avec le temps, leur présence finira par être perçue non plus comme une contrainte, mais comme une assurance collective face aux risques croissants d'insécurité et de désordre urbain.

> **En un seul siècle, la population mondiale, s'est multipliée par 4. Combien nous seront dans le siècle prochain ?**

[De 1,9 milliard d'humains dans le monde en 1920, nous sommes passés à 8,16 milliards en 2024.]

- En 1750, nous étions 700 millions d'êtres humains.
- En 1800, nous étions 1 milliard d'êtres humains.
- En 1850, nous étions 1,3 milliards.
- En 1900, nous étions 1,7 milliards.
- En 1910, nous étions 1,75 milliards.
- En 1920, nous étions 1,9 milliards.
- En 1930, nous étions 2,07 milliards.
- En 1940, nous étions 2,3 milliards.
- En 1950, nous étions 2,5 milliards.
- En 1960, nous étions 3 milliards.
- En 1970, nous étions 3,7 milliards.
- En 1980, nous étions 4,4 milliards.
- En 1990, nous étions 5,3 milliards.
- En 2000, nous étions 6,1 milliards.
- En 2010, nous étions 6,9 milliards.
- En 2020, nous étions 7,8 milliards.
- En 2024, nous étions 8,16 milliards.

Selon toute probabilité, ce nombre va naturellement progresser avec un multiplicateur sensiblement stable.

Cela ne pourra pas perdurer sans conséquence. Depuis l'année 1920, la population dans le monde augmente régulièrement de 15,2% en moyenne tous les 10 ans. A ce rythme, si rien n'arrête cette courbe ascensionnelle (guerres, catastrophes naturelles, pandémies, vaccination douteuse, <u>régulation des naissances</u>, etc …..), il est très probable qu'en 2120, l'estimation de la population humaine sur la planète s'élève à :

« **<u>32,1 MILLIARDS</u>** ».

<u>Probablement que la 3ème génération sera victime ou spectatrice de graves conflits dans le monde.</u>

      Bien sûr, les études réalisées par certains analystes dits « spécialisés » restent souvent très optimistes et minimisent l'ampleur de ce phénomène, probablement pour ne pas affoler les populations.

Mais où se situe la vérité ?

Nous pourrions choisir de fermer les yeux sur l'évidence et imaginer que tout est parfaitement pensé et maîtrisé par nos dirigeants. Mais si ceux-ci peinent à s'entendre ou à gérer notre pays à court terme, peut-on réellement croire qu'ils seraient plus performants sur le long terme ?

Dans certaines émissions télévisées, nous entendons des scientifiques évoquer une stagnation de la croissance, certains se risquant même à des prédictions basées sur des hypothèses.

Mais si la croissance mondiale n'a jamais encore diminué, pourquoi le ferait-elle maintenant ?

Les chiffres montrent clairement que l'humanité continue de croître. À moins d'une catastrophe exceptionnelle, rien ne fera baisser cette courbe.

Cacher la vérité n'est pas une solution pour préparer les populations à un avenir instable. Mais semer la panique sans proposer de solutions n'est pas davantage une option. Il n'y a qu'une réalité. Avec 4 fois plus de population dans les rues, sur les routes, dans les villes et ailleurs, il est illusoire de croire qu'il n'y aurait aucune problématique. Aucun conflit, aucune guerre, et suffisamment de nourriture pour tous.

Nous devons comprendre que nous sommes enfermés sur une planète à la surface limitée et que, tôt ou tard, si nous voulons vivre correctement, nous devrons nous auto-limiter.

Notre belle planète ne se régénère pas par magie. Un jour, toutes les ressources naturelles dont nous disposons aujourd'hui ne seront plus suffisantes pour répondre aux besoins de tous.

Plus la population augmente, plus il faudra produire des biens et fournir de la nourriture. L'eau, disponible localement, deviendra probablement le facteur limitant pour accueillir de nouvelles familles dans certaines régions.

L'urbanisation croissante aura également des conséquences majeures. Des constructions remplaceront des terres agricoles, des forêts seront détruites, réduisant l'absorption de chaleur et perturbant le cycle de l'eau. Les nappes phréatiques ne se rechargeront plus correctement, les pluies deviendront erratiques et les climats locaux deviendront arides. En conséquence, les cultures ne survivront pas.

La surpopulation entraînera une pollution exponentielle, et surtout, de grandes difficultés pour fournir l'alimentation nécessaire. L'eau potable pour boire, pour l'hygiène, pour l'agriculture, pour l'industrie et même pour nos centrales nucléaires.

> *Aujourd'hui, nous sommes plus de 8 milliards d'humains.*

Que se passerait-il si nous doublions ce chiffre ?

Seul un effort concerté des nations pourrait permettre d'atteindre 16 milliards dans des conditions acceptables, sans détruire davantage les forêts et en régulant l'accès à l'eau selon les zones géographiques.

Mais comment gérer les générations suivantes si la population continue de croître sans limite ?

Si l'Homme continue d'avoir des enfants alors qu'il n'a plus les ressources nécessaires pour vivre dignement, les violences se multiplieront. La surpopulation rendra impossible un climat sécuritaire. « Anxiété, peur, jalousie, conflits, violence. » La loi du plus fort prendra le dessus et le pillage deviendra une nécessité pour survivre.

Même si la planète offre un espace géographique pour 32 milliards d'êtres humains et plus, l'eau, l'alimentation et la sécurité resteront les limites essentielles.

<u>Il est impératif de planifier dès maintenant des mesures pour demain.</u>

Dans un premier temps, notre eau doit être mesurée pour déterminer les besoins minimums en période de sécheresse et limiter ou interdire toute nouvelle construction dans les zones critiques.

Dans un deuxième temps, nos dirigeants doivent se concerter pour mettre en place une stratégie commune afin de mieux réguler les flux migratoires en fonction des ressources disponibles.

Cependant, ces mesures ne seront que provisoires. Car la seule et unique bonne solution durable, sera la régulation des naissances, dans les pays les plus impactés par cette multiplicité. Limiter le nombre de naissance deviendra indispensable pour garantir la sécurité et la survie de l'espèce dans de bonnes conditions.

> « Que cela nous plaise ou non, la surcharge d'individu ne nous laissera pas le choix. »

Les populations les plus concernées viendront majoritairement de pays défavorisés, principalement d'Afrique, puis d'autres régions déjà fortement peuplées. Nous observons déjà aujourd'hui une augmentation des violences commises par des jeunes, vols, viols, meurtres, règlements de comptes liés aux trafics ou à d'autres activités illégales. L'éducation et la discipline peuvent temporairement freiner ces tensions, mais face à la pénurie de ressources, certains seront prêts à tuer pour survivre.

D'ici 2050, ce phénomène sera encore plus marqué. Des solutions concertées entre nations seront impératives. À défaut, les tensions internes pourraient pousser certains États à déclencher des conflits extérieurs, utilisant la guerre pour détourner la colère de leur propre population, avec toutes les atrocités que cela implique.

La question n'est donc plus de savoir si la surpopulation deviendra problématique, mais comment nous allons nous organiser dès aujourd'hui pour éviter le chaos de demain.

> La population mondiale n'augmente pas au même rythme selon les continents.

Par exemple, l'Afrique et l'Asie connaissent une croissance démographique particulièrement rapide. Alors qu'en Europe, le taux de fécondité moyen est d'environ 1,4 enfant par femme, il atteint 5 enfants en Afrique centrale et peut même dépasser 6,5 enfants au Niger, selon les années.

Cette croissance a naturellement une influence directe sur la vie quotidienne, car chaque homme et chaque femme aspire à vivre librement et heureux, dans un environnement propice à un avenir épanoui. Or, dans ces pays fragiles où la population ne cesse d'augmenter, le souhait fondamental de l'être humain demeure le même. « Bien vivre pour soi et pour sa descendance ».

Dans un monde où l'information circule désormais à une vitesse fulgurante grâce aux technologies modernes, Internet, réseaux sociaux, téléphones connectés, satellites, Wi-Fi, chacun peut aujourd'hui accéder, même avec des moyens limités, à une multitude de données et d'images venues du monde entier. Ainsi, les populations des régions les plus pauvres découvrent, souvent avec stupeur, les différences colossales de niveau de vie entre leur pays et ceux du Nord.

Dans certains États développés, l'espérance de vie dépasse 80 ans, tandis que dans plusieurs pays d'Afrique, elle peine à atteindre 60 ans. Ce contraste alimente à la fois la frustration, l'envie d'un ailleurs meilleur, et la volonté de migrer vers des zones perçues comme plus stables et plus prospères.

(De quoi légitimement rêver d'une vie ailleurs.)

*Ci-après, le tableau présente l'espérance de vie moyenne par État et territoire dans le monde en 2018. Ces données permettent de visualiser les fortes disparités entre les régions. Alors que certains pays développés dépassent largement les 80 ans d'espérance de vie, d'autres, principalement en Afrique subsaharienne, peinent encore à atteindre les 60 ans. Ce contraste illustre les inégalités d'accès aux soins, à l'éducation, à la nutrition et à des conditions de vie stables, qui influencent directement la longévité des populations.

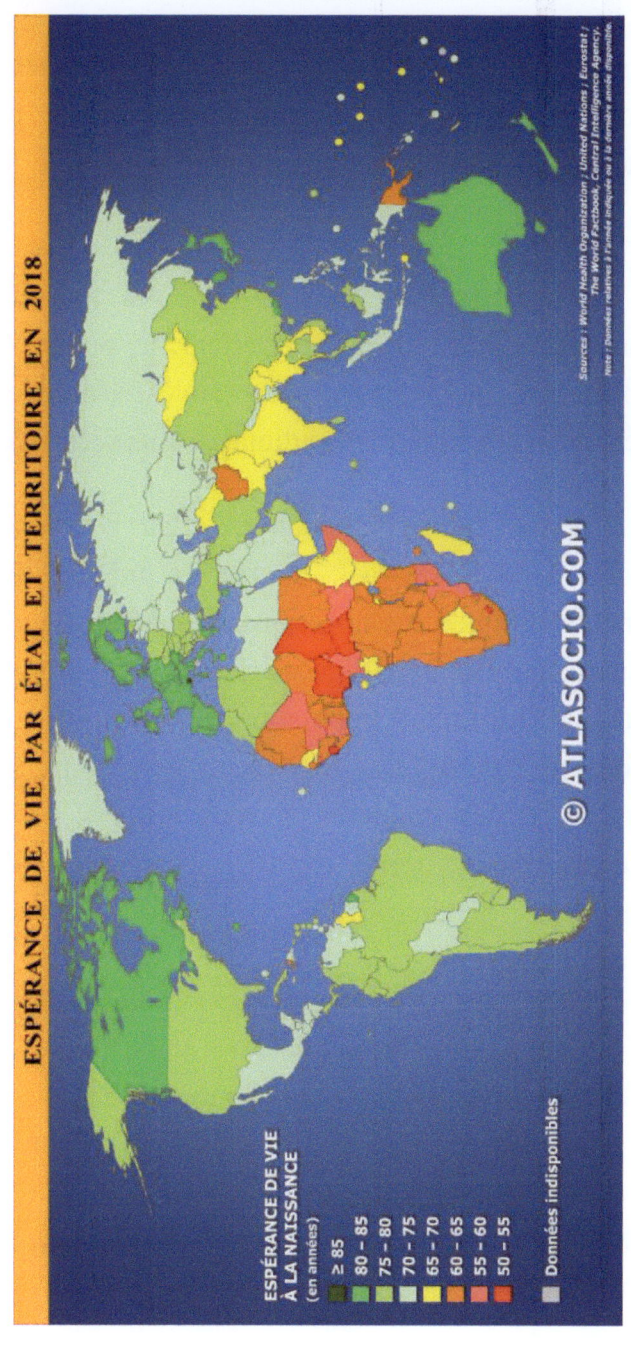

Comment reprocher à des hommes et des femmes de vouloir mieux vivre, ou simplement vivre plus longtemps, ailleurs, lorsque leur propre pays ne leur offre pas cette chance ?

Il serait injuste, voire naïf, de les considérer comme ignorants. Il est parfaitement naturel de chercher, par tous les moyens possibles, à accéder à une existence meilleure, plus digne et plus sécurisée.

Depuis plusieurs années, le phénomène migratoire est bien réel, et rien n'indique qu'il diminuera tant que les dirigeants mondiaux n'auront pas su instaurer des politiques capables d'équilibrer et de stabiliser les flux de population. Chaque année, des millions de personnes traversent des mers, des montagnes et des frontières, souvent au péril de leur vie, dans l'espoir d'être accueillies par des nations jugées plus généreuses et plus sûres, pour y reconstruire leur avenir.

Si les peuples asiatiques sont globalement plus discrets dans leurs mouvements migratoires, il n'en reste pas moins que leurs ressources naturelles s'amenuisent progressivement. Quant aux peuples africains, leurs richesses sont, pour beaucoup, déjà largement épuisées.

Face au réchauffement climatique, le continent africain apparaît comme le plus vulnérable. La hausse continue des températures y rend certaines zones de plus en plus inhabitables, poussant de nombreux habitants à devenir réfugiés climatiques. Naturellement, ils se tournent vers les pays tempérés, perçus comme des terres d'accueil plus viables.

Si rien n'est entrepris pour améliorer les conditions de vie dans les régions défavorisées, les pays d'Europe et d'Amérique du Nord, entre autres, devront se préparer à une pression migratoire croissante, que certains interprètent déjà comme une « invasion ».

L'accès mondial à l'information joue également un rôle majeur. Il uniformise les mentalités et alimente le désir d'un monde moderne, riche en conforts et en plaisirs que beaucoup ignoraient auparavant. Avec un simple téléphone portable et une connexion Internet, les populations défavorisées découvrent la prospérité d'autres nations, et cette comparaison les pousse naturellement à vouloir se délocaliser vers des zones offrant plus d'opportunités.

Aujourd'hui, les continents affichant la plus forte croissance démographique sont l'Afrique, l'Asie et l'Océanie. Cette expansion rapide, combinée à la rareté des ressources et aux effets du climat, façonnera inévitablement les grands mouvements migratoires des décennies à venir.

Plusieurs causes expliquent cette natalité élevée dans ces régions. Tout d'abord, dans de nombreux pays en développement, l'accès à l'éducation, particulièrement pour les filles et les femmes, reste limité. L'absence d'éducation entraîne souvent un mariage précoce et une maternité répétée, ce qui contribue à une forte croissance démographique.

Ensuite, le manque d'accès aux moyens de contraception et aux services de santé reproductive joue un rôle majeur. Les familles n'ont pas toujours la possibilité de planifier ou d'espacer les naissances. La mortalité infantile élevée dans certaines zones pousse aussi les familles à avoir plus d'enfants, par peur de perdre certains d'entre eux.

À cela s'ajoute une dimension culturelle et économique dans des sociétés où le travail agricole ou manuel est dominant, chaque enfant représente une aide potentielle pour les activités familiales et un soutien pour les parents vieillissants. Les traditions, croyances religieuses et sociales encouragent également des familles nombreuses, perçues comme un symbole de force et de continuité.

Enfin, les crises économiques, les conflits ou l'instabilité politique renforcent ce phénomène.

Dans un environnement incertain, les familles tendent à se protéger par la reproduction, espérant que certains de leurs enfants survivront et assureront leur avenir.

Cette natalité élevée, lorsqu'elle s'ajoute à la pression sur les ressources limitées et aux effets du changement climatique, accentue la vulnérabilité des populations. Elle provoque des migrations massives vers des zones plus sûres et plus riches, entraînant des tensions sociales et économiques, et intensifiant la compétition pour l'eau, la nourriture et l'énergie.

Ainsi, comprendre et agir sur les causes de cette croissance démographique est une étape essentielle pour éviter un effondrement global lié à la rareté des ressources et à la dégradation environnementale.

Le tableau ci-dessous, met en évidence le taux de natalité par pays en 2017 pour 1000 habitants.

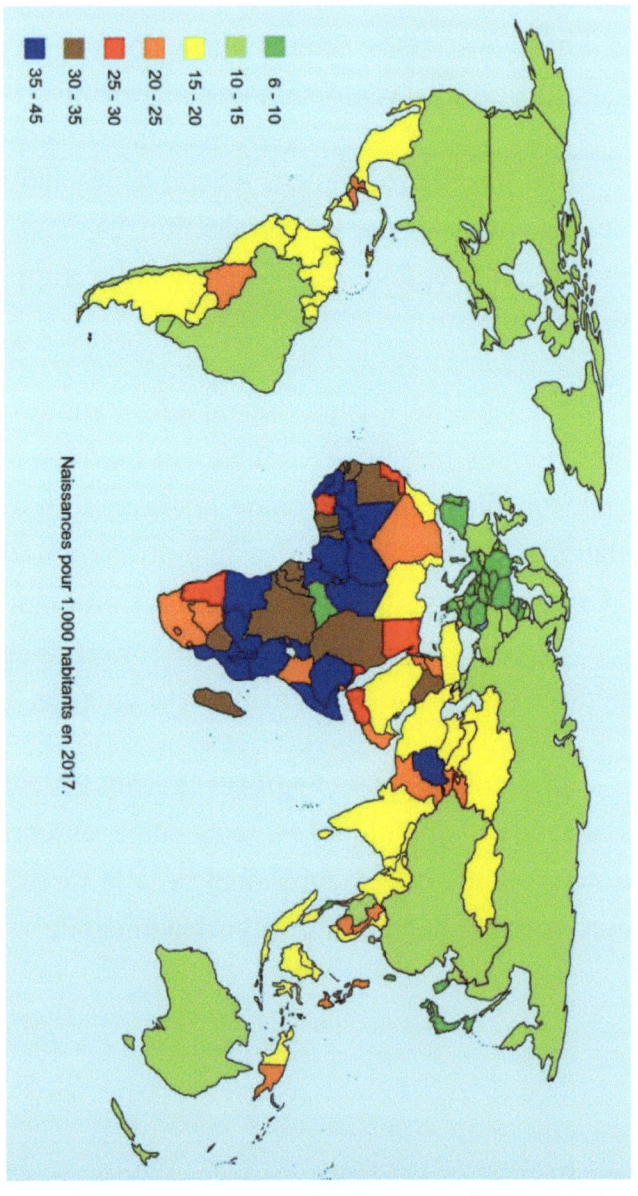

- En 2050, nous serons près de 12 milliards, et l'Afrique sera toujours en tête pour la fécondité.

- En 2100, un terrien sur trois sera probablement d'origine Africaine.

Quelle que soit la démographie d'un pays ou d'un continent, si chaque nation n'instaure pas un équilibre permettant à ses habitants d'espérer un avenir meilleur, un nombre croissant de personnes chercheront à vivre ailleurs, dans des pays offrant de meilleures conditions de vie.

C'est le principe des vases communicants.

Vivant tous sur un même lieu qu'est la Terre, si les populations se développent rapidement dans certains continents sans tenir compte des ressources disponibles, ces personnes, en grandissant et faute de moyens pour vivre dignement, seront contraintes de traverser les frontières à la recherche de lieux offrant de meilleures conditions de vie. Ainsi, dans un monde où les déplacements de populations deviennent un mécanisme naturel, si aucune infrastructure ou organisation n'est mise en place pour répondre aux besoins des citoyens dans leur propre pays, des millions de personnes migreront chaque année vers les continents voisins.

La réalité est que certains pays d'Amérique du Sud connaissent une forte migration vers l'Amérique du Nord, tandis que l'Afrique vise plutôt l'Europe. Paradoxalement, les pays asiatiques parviennent à contenir leur population. La Chine et l'Inde concentrent une masse considérable d'habitants, pourtant celle-ci reste globalement sur place.

Pourquoi ces deux pays, malgré leur forte population et de nombreux cas de précarité, ne voient-ils pas leur peuple migrer vers d'autres continents ou pays voisins, comme c'est le cas pour certains pays africains ?

La migration n'est pas seulement une question de pauvreté ou de nombre de personnes, elle dépend de facteurs économiques, géopolitiques, culturels et légaux. Même si la Chine et l'Inde comptent des populations immenses et connaissent des niveaux de pauvreté significatifs, la majorité de leurs habitants ne migrent pas massivement vers d'autres continents, contrairement à certaines populations africaines.

Cela s'explique par plusieurs facteurs liés à l'économie, à la géopolitique et à la culture. Tout d'abord, malgré la pauvreté, ces deux pays possèdent de vastes économies locales et des opportunités de travail dans les villes et zones industrielles, ce qui incite beaucoup de gens à rester et à chercher à améliorer leur situation sur place plutôt que de prendre le risque de partir à l'étranger.

Ensuite, la barrière de la langue et des différences culturelles constitue un frein important. S'installer dans un pays très éloigné culturellement et linguistiquement est un défi que beaucoup préfèrent éviter. La Chine et l'Inde connaissent également une forte mobilité interne, avec des millions de personnes se déplaçant du milieu rural vers les grandes villes pour trouver du travail et de meilleures conditions de vie.

De plus, l'éducation y renforce souvent un certain esprit collectif et une solidarité culturelle au sein de sociétés entourées de pays voisins peu enclins à accueillir les migrants, ce qui pousse les populations à se tourner d'abord vers leurs propres réseaux et ressources internes.

À l'inverse, dans une partie de l'Afrique, où l'accès à l'éducation et aux infrastructures reste plus limité, l'Europe apparaît comme une destination plus accessible, malgré les dangers extrêmes de la traversée de la Méditerranée.

Enfin, l'histoire et les réseaux migratoires jouent un rôle. De nombreux pays africains ont des liens historiques avec l'Europe qui facilitent la migration, alors que la Chine et l'Inde ont moins de réseaux établis pour soutenir une migration internationale massive. Ainsi, la combinaison de contraintes légales, de possibilités économiques locales, de mobilité interne et de facteurs culturels et historiques explique pourquoi la migration internationale reste limitée dans ces deux pays, malgré leur grande population et leurs difficultés économiques. Cependant, lorsque les réserves d'eau potable viendront à diminuer fortement et que cela aura un impact direct sur l'alimentation, ces populations seront contraintes de migrer vers les pays voisins.

Quant à la Russie, son immense territoire reste naturellement protégé par sa position géographique, son climat rigoureux et une politique intérieure souvent dissuasive pour les migrations de masse. Les conditions de vie y sont contrastées. Si elles sont relativement satisfaisantes dans les grandes agglomérations comme Moscou ou Saint-Pétersbourg, elles deviennent beaucoup plus précaires dans les zones rurales, où les infrastructures et les services publics sont parfois insuffisants.

Cependant, avec le réchauffement climatique, le territoire russe pourrait devenir l'un des espaces les plus convoités de la planète. Sa superficie colossale, ses ressources naturelles abondantes et son potentiel énergétique et agricole, encore largement sous-exploité, en font une zone stratégique pour l'avenir.

Dans le siècle à venir, face à la pression croissante sur l'eau, les terres cultivables et l'énergie, la Russie pourrait attirer de nouvelles populations en quête d'un refuge viable.

Pour l'Europe, l'Afrique n'est pas seulement un voisin géographique, mais un partenaire incontournable pour l'avenir. Les déséquilibres économiques, politiques et climatiques rappellent notre destin commun : celui de coopérer pour relever les défis du siècle à venir. Plutôt que de subir migrations ou crises, les pays développés devront investir durablement dans une coopération équitable, axée sur l'éducation, les infrastructures et l'autonomie locale, afin de bâtir un futur partagé et solidaire.

Mais pourquoi l'Afrique fait-il partie des continents ayant une aussi forte natalité ?

Le tableau ci-dessous, met en évidence le taux de fécondité par femme par pays en 2020.

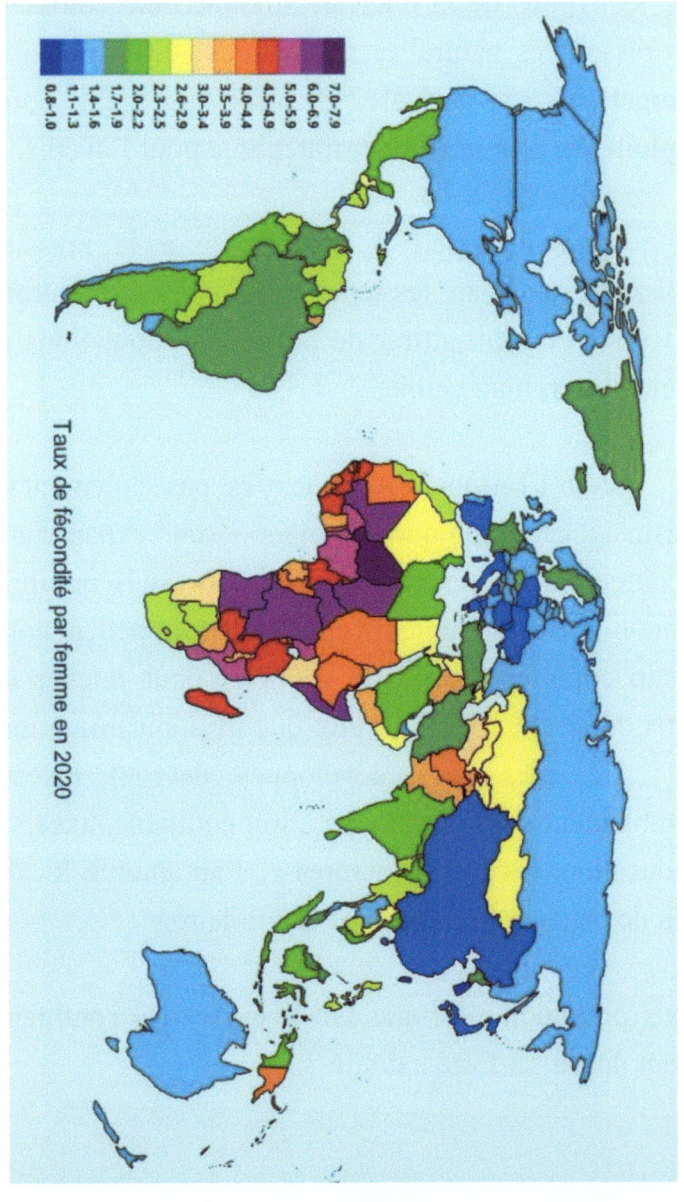

Plusieurs éléments doivent être pris en compte pour déterminer si la croissance démographique résulte d'un véritable choix. Dans de nombreux pays défavorisés, les femmes sont souvent confrontées à des grossesses non désirées. On estime que plus de 80 % des femmes dans le monde qui n'ont pas accès à des méthodes modernes de contraception ont au moins un enfant non désiré.

Constat 1 : Les violences sexuelles.
-Dans des zones mal sécurisées et généralement densément peuplées, les femmes subissent des humiliations et abus sexuels, souvent imposés par des hommes. Ces violences touchent également les jeunes filles, et, dans certains cas, les garçons. Si les garçons souffrent majoritairement de traumatismes psychologiques, les filles subissent une double peine. Elles tombent souvent enceintes malgré elles. Chaque année, **16 millions** de jeunes filles dans le monde sont victimes de ces grossesses forcées.

Constat 2 : La soumission aux structures patriarcales.
-Dans de nombreux pays défavorisés, les femmes disposent de moins de droits et sont soumises aux hommes. Mari, frère, père, oncle ou toute figure masculine détenant une autorité familiale. Certaines traditions ou règles ancestrales attribuent au mari un

droit de regard sur la vie sexuelle de sa femme, ce qui ne laisse souvent aux femmes aucun choix réel, même dans des situations de relations sexuelles non désirées.

<u>Constat 3 : La prostitution par nécessité.</u>
-Face au manque de travail et pour assurer leur survie, de nombreuses femmes célibataires, avec ou sans enfants, se voient contraintes de se prostituer. Elles le font non par plaisir, mais pour nourrir leur famille et subvenir à leurs besoins, malgré les multiples risques de maladies ou de grossesses non désirées.

<u>Solutions nécessaires.</u>
-Pour prévenir ces situations dramatiques, le manque de contraception et d'éducation doit être traité par les pouvoirs publics de chaque pays. Il serait relativement simple de mettre en place des protections permettant aux femmes d'éviter une grossesse non désirée, à travers l'information, l'éducation sur les différentes méthodes de contraception, l'accès sécurisé à la contraception moderne et l'accès à l'IVG (Interruption Volontaire de Grossesse).

Malheureusement, les politiques relatives à l'avortement varient considérablement à travers le monde, souvent pour des raisons idéologiques ou religieuses, légiférées majoritairement par des hommes.

Dans une très grande partie des pays, l'avortement reste illégal. Cette situation archaïque empêche les femmes de disposer de leur corps et contribue à accroître la croissance démographique dans certaines régions, notamment en Afrique, où la législation restrictive sur l'avortement est particulièrement sévère.

Refuser l'émancipation des femmes et leur droit de contrôler leur fertilité n'a aucune logique rationnelle, si ce n'est de maintenir une population en croissance, au détriment de la santé et du bien-être des femmes elles-mêmes.

*Ci-après, le tableau mettant en évidence les juridictions dans le monde, qui n'acceptent pas l'avortement ou l'acceptent sous certaines conditions en 2020.

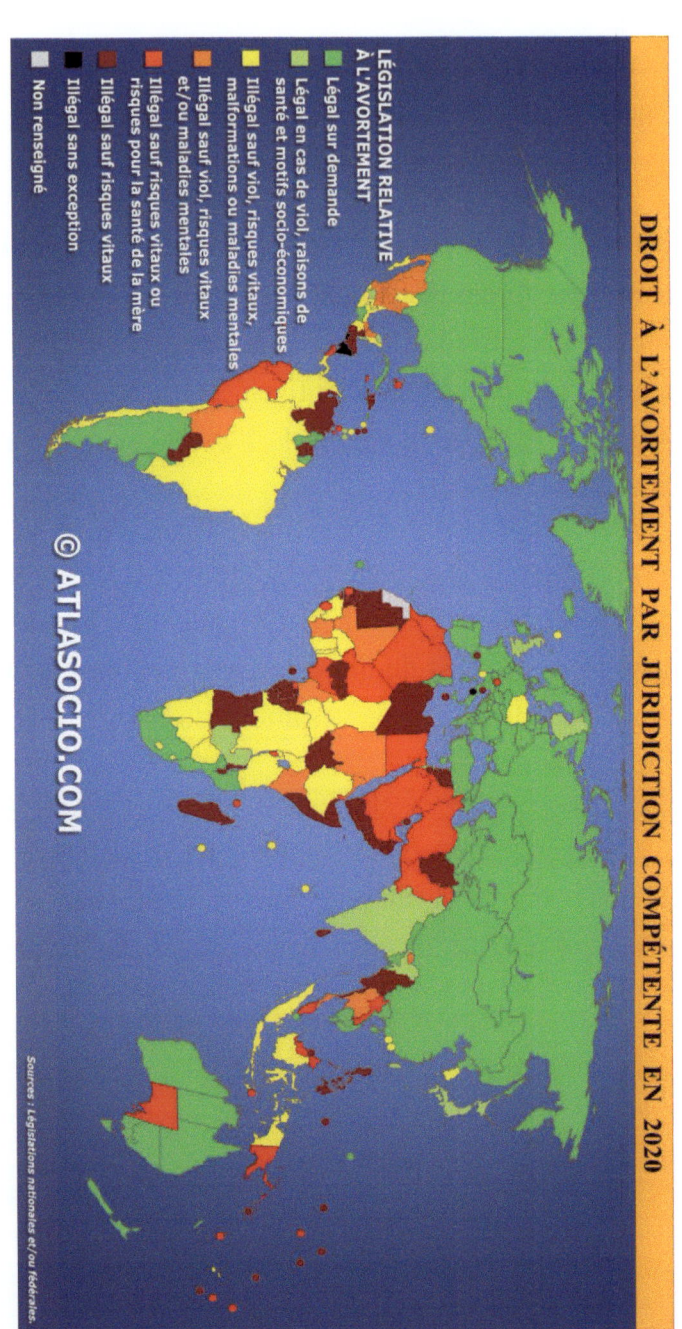

Nous connaissons déjà les conséquences de l'explosion démographique mondiale. Si rien n'est entrepris rapidement, combinée au réchauffement climatique, à la pollution, à la pauvreté, aux migrations massives et à la réduction des ressources naturelles, la pression sur nos sociétés va s'intensifier.

Les tensions autour de l'eau, de la nourriture et de l'énergie risquent d'aggraver les inégalités et de provoquer des conflits entre communautés et États. Parallèlement, les catastrophes naturelles liées au climat pourraient forcer des populations à se déplacer, augmentant encore les risques de violence et de guerres.

[L'explosion démographique constitue donc une menace directe pour la stabilité mondiale, surtout si elle n'est pas accompagnée de mesures concrètes et coordonnées à l'échelle internationale.]

CHAPITRE III

L'Epuisement de nos Ressources Naturelles

Depuis la nuit des temps, l'Homme n'a cessé d'exploiter la nature pour survivre. Il a domestiqué son environnement à la fois pour son profit personnel et pour l'intérêt collectif. L'Homme a appris à maîtriser l'agriculture et toutes les ressources exploitables. Et dans son ambition sans limites, il est capable de tous les excès, conscients ou inconscients.

Mais à qui incombe réellement la responsabilité de la dégradation de l'écosystème et des désastres naturels ?

Est-ce aux usines, aux exploitants, aux politiques ou à nous tous ?

Durant les derniers millénaires, l'Homme a pratiqué la technique de la jachère. Certaines parcelles de terre étaient volontairement laissées au repos pour se régénérer naturellement et restituer leurs substances nutritives, garantissant des récoltes futures sans appauvrir le sol ni recourir à des produits chimiques.

Aujourd'hui, la situation a radicalement changé. La concurrence et la logique du marché soumettent tous les secteurs économiques aux fluctuations de l'offre et de la demande. L'agriculture intensive et nos besoins croissants ont désormais un impact direct et durable sur les ressources naturelles.

La population mondiale continue d'augmenter, et nos besoins grandissent dans tous les domaines. Pour se nourrir, l'Homme crée des élevages industriels, où les animaux vivent en batterie dans des conditions exécrables. Les abattoirs deviennent des usines à découper les animaux à la chaîne. La pêche, elle aussi, est devenue une industrie qui pousse les pêcheurs à exploiter toujours plus les océans et à s'éloigner des côtes.

Pour répondre à la demande, l'Homme mobilise également des ressources énergétiques. Il construit des barrages, utilise des pesticides, exploite les minerais et le pétrole, et déforeste des zones entières pour augmenter les surfaces agricoles.

Cependant, avons-nous réellement le choix ?

Peut-être que limiter ou encadrer certaines pratiques serait une solution, mais serait-il suffisant ?

Les besoins alimentaires de la population mondiale dictent l'offre et la demande. Même en réduisant le gaspillage et en améliorant le recyclage à l'échelle mondiale, ces efforts resteront insuffisants face à une population en constante expansion.

Oui, ces mesures sont nécessaires pour éviter le gaspillage et limiter la pollution. Mais elles ne suffiront pas à satisfaire tout le monde. Cela ne signifie pourtant pas que nous devions cesser nos efforts.

Si l'on prend du recul, on constate que tous les pays ne sont pas égaux. Les lois diffèrent, et les analyses scientifiques ne sont pas toujours partagées. Chaque nation défend d'abord ses intérêts locaux, ce qui est compréhensible. Mais en regardant l'évolution globale, il apparaît que la planète va mal, et que nous ne faisons qu'entrevoir le début d'une grande catastrophe à venir.

Aujourd'hui, le réchauffement climatique est incontestable. Autrefois, en hiver, selon les régions, la neige recouvrait les jardins pendant plusieurs semaines. Désormais, elle disparaît rapidement, voire n'apparaît plus du tout. Sur les hautes montagnes, glaciers et neiges fondent chaque année de plusieurs mètres.

Cette hausse constante des températures a des conséquences directes, et sur le continent africain, certaines rivières d'eau douce s'assèchent progressivement, tandis que le niveau des mers continue de monter à l'échelle mondiale.

L'eau, c'est la vie. Dans les pays bien organisés, chaque ville et village dispose d'un réseau pour acheminer l'eau potable jusqu'aux habitations. L'eau est stockée dans des nappes phréatiques, sortes de réservoirs naturels alimentés principalement par les pluies. En période d'été, il devient souvent nécessaire de restreindre notre consommation pour que chacun puisse disposer de suffisamment d'eau.

Dans le tableau ci-dessous, on observe déjà que plusieurs pays d'Afrique et d'Asie sont en grande difficulté. Selon les régions, certaines zones géographiques connaissent déjà un assèchement ou une pénurie extrême d'eau douce, dépassant parfois 80 % de leurs ressources disponibles.

Le tableau ci-dessous met en avant les pays les plus exposés à la pénurie d'eau pour 2020.

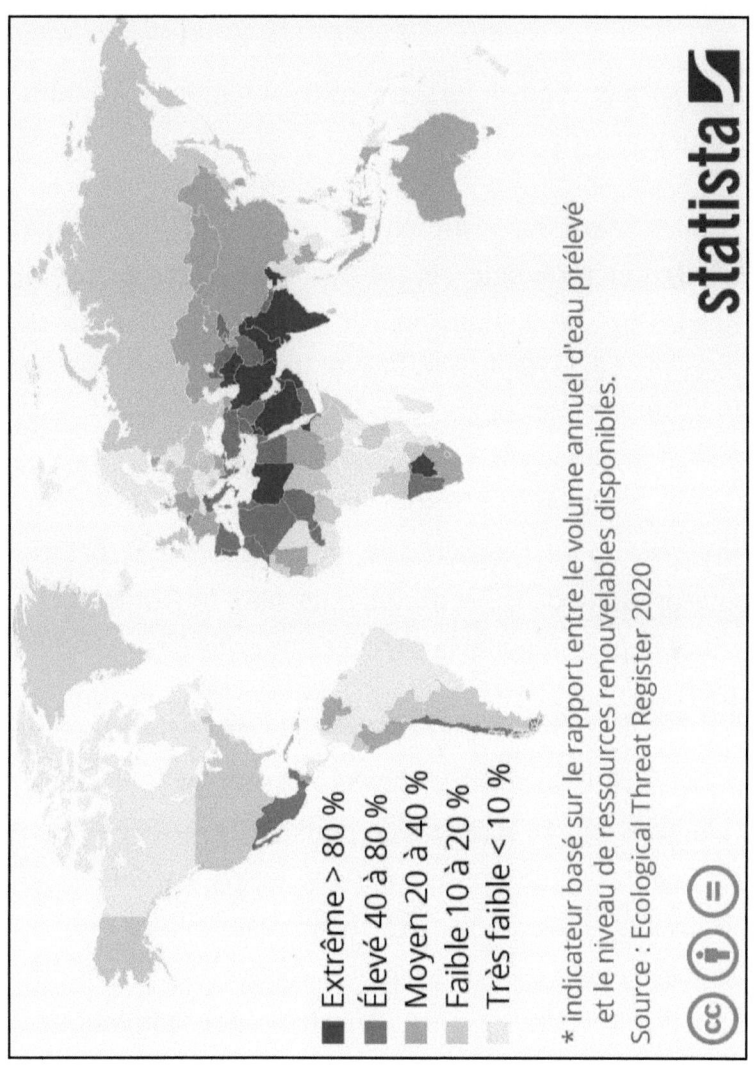

Imaginez maintenant multiplier la population par deux, par trois ou par quatre dans ces conditions. Aurons-nous suffisamment d'eau pour tous ?

Que se passera-t-il lorsque cette situation deviendra critique ?

Selon les estimations, près de 40 % de la population mondiale sera confrontée à des pénuries d'eau d'ici 2050. Environ 700 millions de personnes pourraient être déplacées dès 2030 à cause du manque d'eau et de la dégradation des conditions de vie.

Nous avons besoin de l'eau pour boire, pour l'hygiène, pour l'agriculture, pour abreuver le bétail, pour produire de l'électricité, pour faire fonctionner les usines et pour assurer la survie de tous les êtres vivants sur Terre.

Dans les pays riches en ressources hydriques, l'eau provient de rivières, de puits, de lacs, de bassins, de sources et de nappes phréatiques. Cependant, on observe déjà une baisse significative du niveau moyen de ces réserves, notamment durant les périodes estivales. La pénurie d'eau dans les nappes phréatiques devient un phénomène préoccupant et généralisé.

Lorsque la situation s'aggravera, certaines grandes entreprises pourraient intervenir pour collecter et redistribuer l'eau, jouant le rôle de pseudo-régulateurs. Sans que l'on s'en rende compte, cette ressource vitale pourrait devenir privatisée, permettant aux plus riches de vivre confortablement, tandis que les autres feraient la queue pour obtenir leur ration.

Dans les pays les moins bien dotés en ressources, les populations devront migrer vers d'autres régions pour survivre. L'augmentation de la population réduira encore la quantité d'eau disponible et poussera les populations à convoiter les pays voisins, voire plus éloignés selon leur capacité à se déplacer.

Un autre facteur de déplacement est la montée du niveau de la mer, qui empiète sur les zones côtières au niveau zéro. Cette montée résulte du réchauffement climatique, qui entraîne la fonte des glaciers terrestres et de l'Antarctique dans la mer. Contrairement aux glaciers flottants de l'Arctique, dont la fonte n'augmente pas significativement le niveau de la mer, les glaciers terrestres contribuent directement à cette montée des eaux.

Depuis un siècle, le niveau des océans a déjà augmenté de 17 cm, mais la fonte des glaces n'est pas la seule cause. La dilatation thermique de l'eau due à l'élévation des températures contribue également à cette progression.

Au vu de la très grande quantité d'eau de mer sur notre planète, le niveau des océans pourrait augmenter de plus de 1 mètre d'ici un siècle. De nombreuses villes dans le monde seront alors partiellement immergées, et près de 280 millions de personnes deviendront des « **réfugiés climatiques** », contraintes de fuir la montée des eaux.

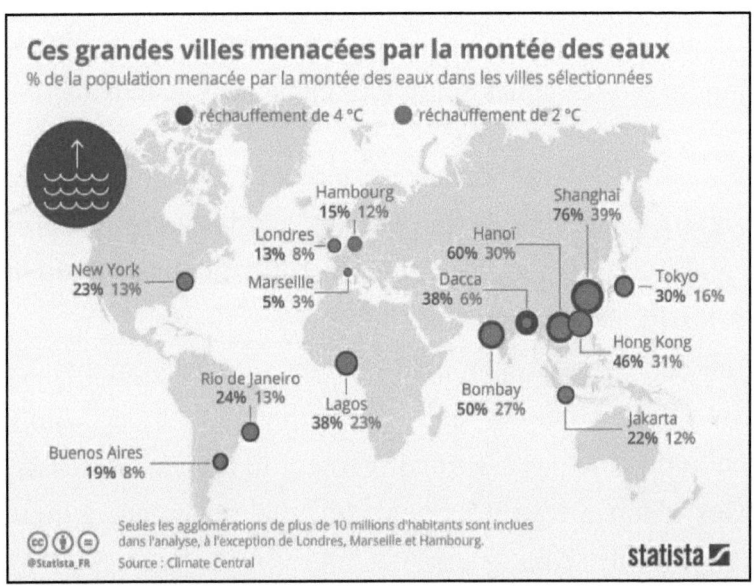

> **RAPPEL**
>
> Toutes les cartes et images intégrées dans cet ouvrage sont visibles en couleur grand format sur le site Officiel de l'Auteur :
> **https//www.patricklalevee.com**

Le réchauffement du climat engendre beaucoup de désordre. L'un des éléments que nous oublions est l'action que cela a sur le PERMAFROST.

Le permafrost est un sol qui reste gelé en permanence durant une période minimale de deux années. Par endroits, il est présent depuis plusieurs milliers d'années sur plusieurs mètres de profondeur à environ -5° sur terre et aux alentours de 0° sous les mers continentales d'arctique. Il s'étend sous un quart de l'hémisphère Nord de la terre.

Avec le réchauffement climatique, le permafrost terrestre et marin dégèle. Le dégel du permafrost contribue à l'ajout de gaz à effet de serre dans l'atmosphère. Les bactéries présentes dans le sol décomposent la biomasse stockée dans le sol gelé, ce qui entraîne des émissions de dioxyde de carbone (CO_2) et de méthane (CH_4), qui accélèrent le réchauffement climatique et menacent indirectement l'équilibre de notre planète.

Les océans et les forêts contribuent à absorber une partie de ce CO2 pour en limiter les effets. Cependant, cette absorption a ses limites : l'acidification des océans tue de nombreuses espèces et perturbe la base de la chaîne alimentaire marine. Quant aux arbres, l'Homme les utilise sans modération, détruisant souvent des forêts entières pour augmenter les surfaces agricoles ou fournir du bois pour la construction et le chauffage. Sans replantation adéquate, ces forêts ne peuvent compenser les émissions de CO2.

Avec l'augmentation continue de la population mondiale, la déforestation va inévitablement se multiplier pour laisser place à des zones urbaines et agricoles, nécessitant encore plus d'eau, une ressource déjà de plus en plus rare. Actuellement, les forêts couvrent environ 30 % de la superficie terrestre, jouant un rôle crucial dans la stabilisation des sols, la régulation du climat, le cycle de l'eau et l'absorption du CO2.

En réduisant les habitats naturels, l'Homme intensifie le réchauffement climatique et met en danger les écosystèmes. Les animaux, chassés de leurs territoires, se rapprochent des zones urbaines à la recherche de nourriture, augmentant ainsi le risque de transmission de virus et l'émergence de nouvelles maladies humaines.

La perte de biodiversité fragilise les chaînes alimentaires et réduit la capacité des écosystèmes à absorber les perturbations climatiques. À long terme, ces déséquilibres peuvent déclencher des crises sanitaires, alimentaires et environnementales, amplifiant les tensions sociales et économiques à l'échelle mondiale.

- En 2017, plus de 1 milliard d'arbres ont été abattus en Amazonie avec des autochtones devant sans cesse se délocaliser.

- 80% de la déforestation mondiale est causée par l'agriculture.

- 12 millions d'hectares de forêts tropicales ont disparu en 2018. Soit 3,64 millions d'hectares de forêts tropicales primaires.

Le tableau ci-dessous, précise les zones de déforestation entre 2004 et 2019.

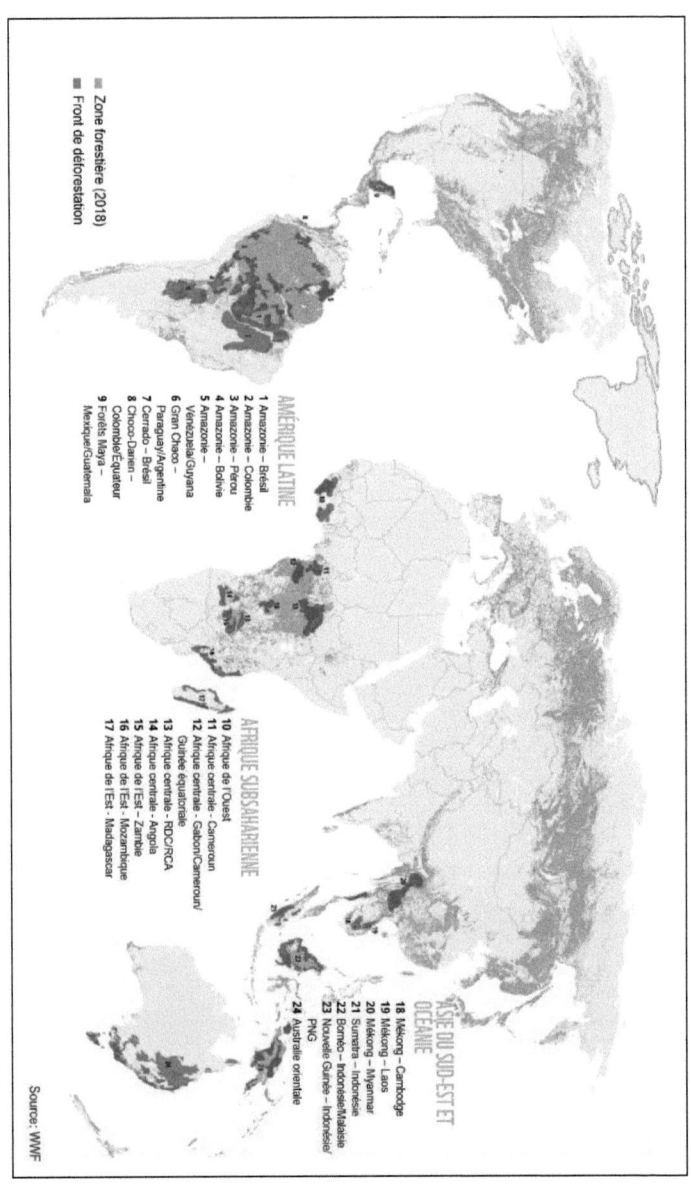

Source : WWF

Avec l'augmentation de la population mondiale, les conséquences sur l'environnement seront dramatiques. L'Homme devra construire son habitat pour se loger avec sa famille. Or, les habitations nécessitent des matériaux, des surfaces, du béton et des routes, qui imperméabilisent les sols et augmentent le risque d'inondations lors d'orages violents.

Dans un monde où chacun recherche l'excellence sans patience, de nombreux individus resteront célibataires.

Comment ces personnes vivront-elles ?

Dans quel type de logement ?

Maison, appartement ou box ?

Avec une population aussi importante, le modèle d'habitat devra évoluer. La majorité des habitants devront vivre dans des appartements verticaux ou des logements modulaires compacts, situés en zones urbaines ou à proximité. Ces logements offriront le strict minimum, en raison de la rareté et du coût croissant des matériaux.

Le citoyen pauvre se retrouvera alors concentré et soumis à un nombre croissant de règles et de restrictions. Cette densité et cette pression démographique engendreront de très fortes inégalités et contribueront à l'épuisement des ressources naturelles, incapables de se régénérer.

La pénurie alimentaire se fera sentir partout, exacerbée par la disparition de nombreuses espèces de poissons et par l'industrialisation massive de l'élevage, destinée à produire toujours plus de viande.

Le poisson étant le produit le plus consommé au monde, les pêcheurs prélèvent tout ce qui est disponible, souvent en ignorant quotas et régulations. Le profit prime, alimentant une spirale de surconsommation et d'épuisement des ressources.

Les exploitations industrielles capturent plusieurs fois ce que les petits pêcheurs artisanaux retirent en une fois. Équipés de technologies de pointe, les navires repèrent les zones les plus rentables et traînent d'immenses filets, épuisant les zones de pêche traditionnelles.

Selon l'Organisation des Nations Unies pour l'alimentation et l'agriculture (FAO), environ 30 % des poissons pêchés sont surexploités ou épuisés, et près de 60 % ont été exploités jusqu'à leurs limites. Ainsi,

90 % des populations de poissons exploitées commercialement sont déjà en voie d'épuisement.

En 1950, la surpêche concernait principalement l'Asie, l'Europe et l'Amérique du Nord-Est, à une époque où la population humaine était moins importante et où les océans offraient un réservoir presque inépuisable d'espèces marines.

En 2006, la surpêche s'est considérablement intensifiée, réduisant l'espace disponible pour les espèces maritimes. Seules quelques zones océaniques restent encore préservées. À cette époque, la population humaine avait déjà plus que doublé par rapport à 1950.

Heureusement, l'aquaculture prend de plus en plus d'importance dans la production halieutique. Elle constitue une avancée positive, tentant de compenser les besoins alimentaires. Mais la demande continue d'augmenter, et la pression sur les stocks marins en pleine mer reste constante.

Si en 2006, la population était de 6,500 milliards d'humains et qu'elle croisse jusqu'à atteindre 32,100 milliards en 2120, quelles en sera les conséquences ?

Dans le tableau ci-dessous la courbe de production halieutique de 1991 à 2025.

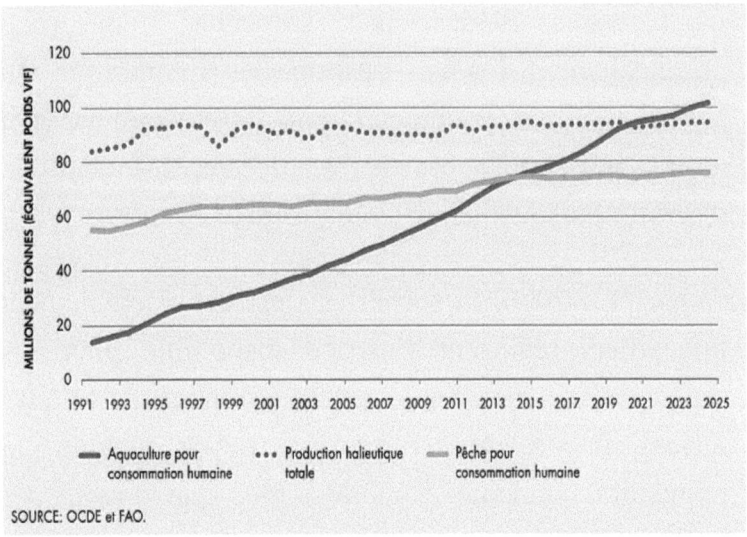

SOURCE: OCDE et FAO.

En 2050, la reproduction des poissons pourrait devenir impossible si aucune régulation drastique des pêches en mer n'est mise en place. Même si l'aquaculture continue de se développer dans des bassins, elle ne suffira pas à nourrir 12 milliards d'humains.

Pour ce qui est de la viande, le problème est tout autre. Comme l'eau, elle fait partie des besoins vitaux. Dans de nombreux pays, elle devient de plus en plus rare et coûteuse. La viande est produite par des animaux élevés en enclos, en batterie ou en plein air, selon des méthodes intensives dont le rythme ne cesse de croître.

Pour être acheminés jusqu'aux étalages, les animaux voyagent généralement en camion. Malheureusement, ces transports se font dans des conditions déplorables. Camions surchargés, mal ventilés, animaux comprimés les uns contre les autres, parfois exposés à une chaleur suffocante. Il n'est pas rare que certains meurent, piétinés par d'autres, avant même d'arriver à destination.

Ces conditions d'élevage et de transport ne sont pas un exemple de réussite ni de fierté. Malheureusement, elles persisteront tant que les besoins de production continueront d'augmenter. La condition de vie des animaux, avant ou pendant l'abattage, préoccupe peu les responsables politiques et la majorité des citoyens, bien que des informations détaillées existent sur certains sites de dénonciation.

Pour faire évoluer les mentalités, il est essentiel que le public soit informé et que les autorités réagissent pour prévenir ces drames.

Par exemple :

Dans certaines exploitations, les veaux sont séparés de leur mère dès les premiers instants de vie et élevés dans des boxes individuels extrêmement étroits, sans jamais voir la lumière du soleil, afin d'être rapidement engraissés.

En abattoir, il est indispensable d'étourdir les animaux avant l'abattage, par électrocution ou pistolet mécanique. Or, certains animaux ne sont pas correctement étourdis, souffrent et sont ensuite saignés, observant la mort de leurs congénères à côté d'eux.

« **Leur dernier instant de vie est atroce.** »

L'impact de ce stress animal peut avoir des conséquences sur la santé de l'homme.

Dans cette phase de stress plus ou moins longue et éprouvante, les animaux produisent des toxines qui peuvent se retrouver dans la viande consommée par l'Homme. Le goût, la texture et l'aspect de la viande varient selon la période de pré-abattage et la technique employée.

La consommation répétée de viande contenant ces toxines peut, à long terme, provoquer des troubles digestifs, des inflammations, des dérèglements hormonaux ou des réactions allergiques chez les consommateurs.

Les besoins en viande étant en constante augmentation, la rentabilité et le débit priment souvent sur le bien-être animal. Les abattages sont régulièrement dénoncés pour le non-respect des réglementations nationales, mais cela reste insuffisant pour provoquer un véritable changement.

La population mondiale continuant de croître, les besoins alimentaires ne feront qu'augmenter. Il faudra toujours accélérer la croissance des animaux, et les conditions d'élevage et d'abattage resteront fortement critiquables.

Un jour, la pénurie deviendra tangible, liée à l'insuffisance d'eau sur la planète. Si l'eau vient à manquer pour abreuver les animaux, l'Homme ne disposera plus de suffisamment de viande pour se nourrir.

Il est donc crucial de réfléchir dès maintenant à nos besoins alimentaires futurs. Sans une planification à long terme, la malnutrition et la famine risquent de s'aggraver, en particulier dans les pays les plus défavorisés. Plusieurs signaux montrent déjà que ce phénomène commence à s'amplifier.

La raréfaction de l'eau potable résulte de plusieurs facteurs combinés, aggravés par l'activité humaine et le changement climatique. Tout d'abord, la surexploitation des nappes phréatiques et des sources d'eau douce pour l'agriculture, l'industrie et la consommation domestique a fortement réduit la disponibilité de cette ressource essentielle. Dans de nombreuses régions, l'eau est pompée plus rapidement qu'elle ne peut se recharger naturellement, provoquant un appauvrissement progressif des réserves souterraines.

Le réchauffement climatique accentue cette situation. La fonte des glaciers, la diminution des précipitations dans certaines zones et l'évaporation accrue des lacs et réservoirs réduisent la quantité d'eau disponible. Les sécheresses deviennent plus fréquentes et plus longues, affectant la régularité des sources d'eau potable.

À cela s'ajoute la pollution des cours d'eau et des nappes par les activités industrielles, agricoles et urbaines. Les engrais, pesticides, produits chimiques et eaux usées contaminent les réserves, rendant une partie de l'eau inutilisable sans traitement coûteux. Cette pollution touche particulièrement les populations des pays défavorisés, qui n'ont souvent ni infrastructures ni technologies pour purifier l'eau.

L'urbanisation rapide et la croissance démographique accentuent également la demande, créant un déséquilibre entre l'offre et la consommation. Dans les zones densément peuplées, l'eau potable devient un bien rare, et la compétition pour son accès peut provoquer des conflits locaux et régionaux.

Ainsi, si des mesures préventives et une planification stratégique à l'échelle mondiale ne sont pas mises en place rapidement, la pénurie d'eau potable deviendra une réalité quotidienne, impactant directement l'agriculture, l'élevage, l'industrie et la santé humaine. La sécurité alimentaire et l'équilibre social de nombreuses régions du monde seront alors gravement menacés.

Le tableau ci-dessous met en avant la consommation de viande en Kg dans les pays du monde.

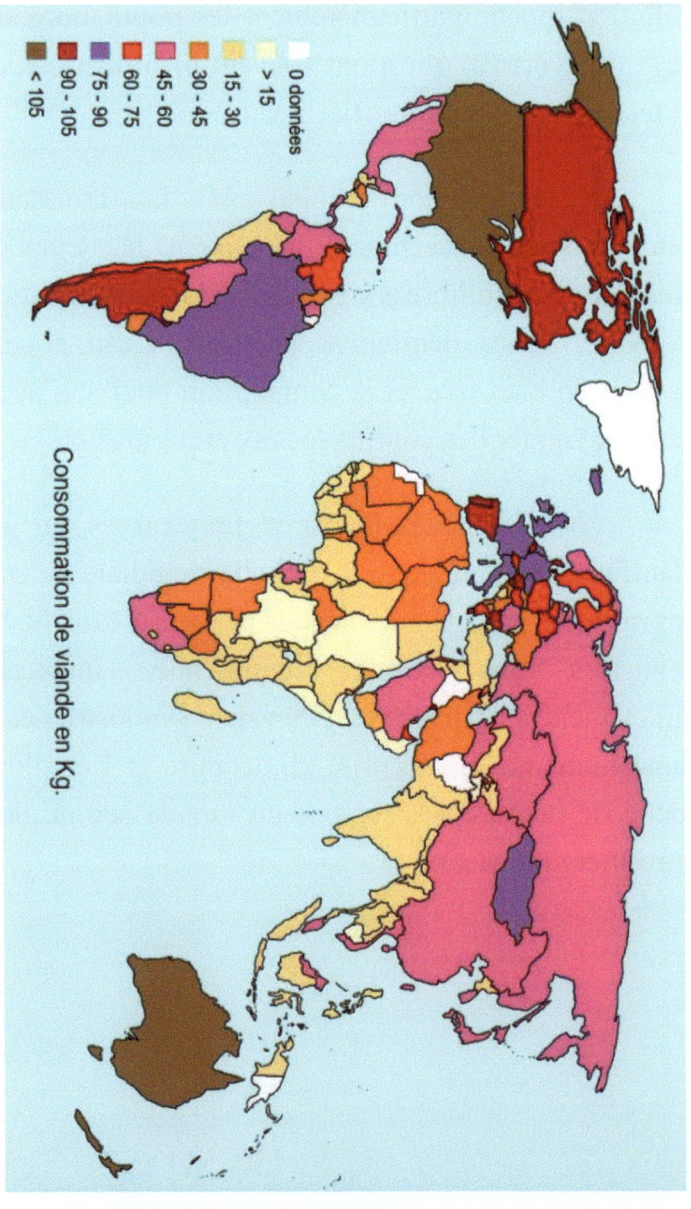

Avec la pauvreté, une forte croissance démographique et un réchauffement climatique généralisé, certaines terres deviendront incultivables à cause du manque d'eau. Il devient alors urgent de repenser notre manière de produire et de nous nourrir.

Tous les animaux ne produisent pas la même quantité de viande au même rythme. Leur croissance dépend de la qualité et de la quantité des aliments qui leur sont fournis. Il en va de même pour les fruits et légumes, dont la croissance est fortement liée à la disponibilité de l'eau.

L'eau se raréfie, le gaspillage augmente et, combiné à une mauvaise gestion des terrains, elle devient indisponible même dans des zones auparavant fertiles. L'eau devra être limitée et partagée, et les besoins pour l'élevage et l'agriculture devront être mieux planifiés pour le bien de tous.

Des alternatives pour nourrir l'humanité sans gaspillage doivent être trouvées, et dès à présent, chacun doit réfléchir à une optimisation durable, afin de maintenir un équilibre de production pérenne.

Certaines espèces animales nécessitent beaucoup plus d'eau que d'autres pour produire la même quantité de viande. Par exemple, le bœuf, largement consommé dans de nombreux pays, fait partie des animaux à très forte consommation d'eau, ce qui pose un défi supplémentaire pour la gestion des ressources.

Le tableau ci-dessous met en évidence cette réalité.

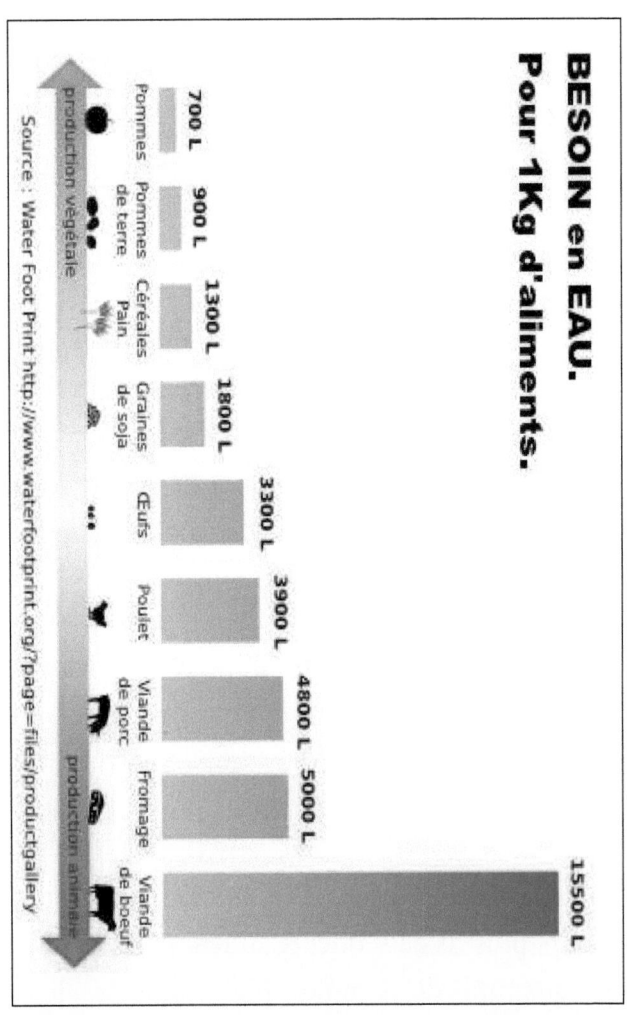

- Pour produire 1 Kg de viande, le bœuf a besoin de 15 500 litres d'eau environ.

- Avec le porc, pour 1 Kg de viande, le besoin en eau est de 4 800 litres environ.

- Avec le poulet, pour 1 Kg de viande, le besoin en eau est de 3 900 litres environ.

Cette réalité doit nous inciter à réfléchir, à nous organiser et à préparer l'avenir. Il ne s'agit pas ici de promouvoir un produit plutôt qu'un autre, ni de souhaiter l'interdiction de consommer telle ou telle viande. Chacun doit être informé afin de comprendre la gravité de la situation, les besoins réels et les conséquences de nos choix, pour pouvoir agir en connaissance de cause.

Chaque représentant politique se doit d'orienter son peuple, afin de mieux organiser la production alimentaire et la gestion des ressources pour préserver notre planète tout en garantissant les meilleures conditions de vie pour l'humanité.

Certains pays ont déjà montré l'exemple dans le domaine de la production de protéines à faible consommation d'eau. Une piste intéressante consiste à remplacer une partie des protéines animales par des protéines issues des insectes, qui nécessitent beaucoup moins de ressources pour produire la même valeur nutritive.

- Avec l'insecte, pour 1 Kg de protéines comparables à la viande, le besoin en eau est de seulement 13 litres environ.

Avant d'attendre d'être en restriction significative d'eau potable, nous aurons irrémédiablement besoin de changer nos habitudes alimentaires par l'adoption de cette méthode à venir.

Si l'eau va se raréfier, le soleil en est probablement une des causes. Le soleil chauffe de plus en plus notre planète et les conséquences sont graves.

- La sécheresse affecte le développement de la végétation, la déshydrate et la fait mourir par zone.
- La chaleur et l'évaporation créent un déséquilibre et la destruction des écosystèmes.
- Le niveau des rivières, lacs, fleuves et nappes phréatiques baissera continuellement.
- La déshydratation des terres se multipliera, devenant infertiles par zone.

- L'abaissement des niveaux d'eau affecte la survie des poissons et des animaux terrestres qui s'abreuvent.

- Les animaux migreront dans l'espoir de trouver de nouveaux points d'eau.

- Le manque d'eau sera trop faible pour irriguer correctement les cultures.

- La diminution de la qualité de l'eau augmentera la contamination des réserves hydriques.

- La sècheresse et le manque d'eau augmenteront la famine et le risque de l'apparition d'épidémies en raison de la malnutrition et d'une hygiène en régression.

- Des restrictions et rationnements d'eau à usages domestiques et industriels seront indispensables.

- Des conflits sociaux toucheront les populations pour les ressources naturelles restantes.

- Les populations migreront vers des pays moins exposés.

- Le phénomène hydrique et l'assèchement augmenteront les feux de forêt.

- La diminution des débits d'eau aura un impact sur le refroidissement des centrales nucléaires qui devront réduire la production d'électricité.
- Etc........

Dans le tableau ci-dessous, nous remarquons les pays les plus impactés par le soleil dans le monde.

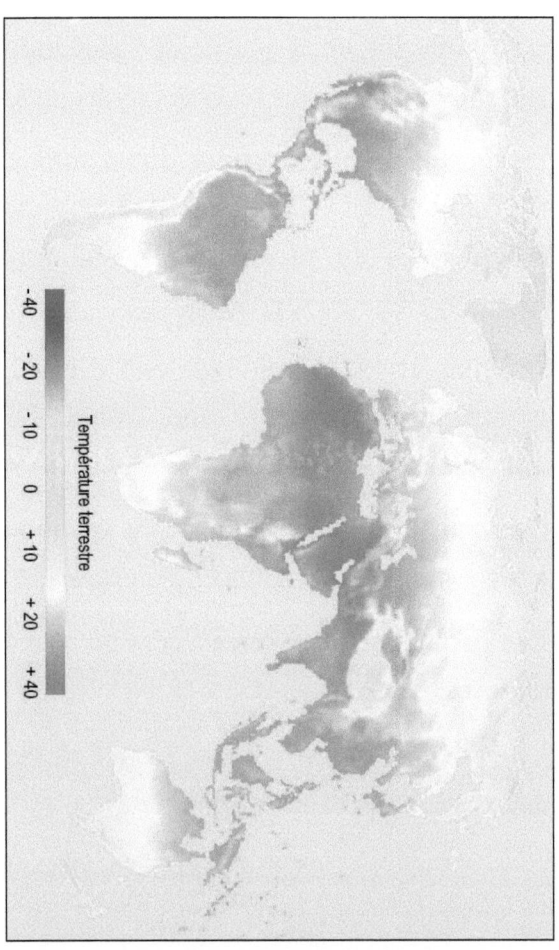

N'oublions pas que le réchauffement climatique est déjà apparu dans le passé. Au X$^{\text{-ème}}$ siècle, la civilisation Maya a brutalement disparue laissant derrière elle les vestiges que nous connaissons.

Les analyses scientifiques ont découvert les véritables raisons de cette mystérieuse extinction. « Il s'agirait en partie d'une catastrophe écologique. »

> « L'essor et l'effondrement des Mayas sont l'exemple même d'une civilisation sophistiquée incapable de s'adapter au changement climatique ».

Souligne James Baldini, chercheur à l'Université britannique de Durham.

Il semblerait qu'après une forte croissance de la population et une surexploitation des ressources, le climat soit devenu de plus en plus sec provoquant un épuisement régulier des ressources naturelles.

Cette civilisation aurait d'abord subi une pénurie de matières premières dans un climat de tensions sociales, suivie de privations prolongées pendant plusieurs années, puis d'une sécheresse de plus d'un siècle (de 871 à 1020 ap. J.-C.), qui aurait scellé le destin de la civilisation Maya. Selon les analyses de stalagmites et de sédiments lacustres, cette période de sécheresse se serait prolongée par intermittence jusqu'en 1100 ap. J.-C.

[L'extinction du peuple Maya nous informe sur les risques à venir.]

Notre technologie avancée doit être au service de l'humanité. Toutes les innovations pour éviter la dégradation de la planète, **« de notre planète »**, doivent être partagées. Les pays riches doivent aider les pays pauvres. Il n'y a que dans l'union que la vie gagnera. La dégradation humaine s'améliorera si l'on s'organise vite et bien. C'est maintenant qu'il faut agir, car plus on attend, plus la souffrance humaine va gagner du terrain.

A une exposition excessive, le soleil est destructeur. Mais grâce à lui, la vie existe.

Nous pouvons domestiquer cette énergie gratuite grâce à des technologies développées, exploitées dans nombreux pays du monde.

Nous connaissons tous les panneaux solaires, posés sur des toitures de maisons, de hangars ou dans des champs, dotés d'un système de cellules photovoltaïques qui transforment l'énergie rayonnante en électricité. Cette technologie permet ainsi de produire de l'électricité pour nos besoins personnels.

Cette énergie produite, peut être stockée par des batteries ou par un système de réserve hydraulique afin d'être réutilisée à la demande. De multiples bâtiments en sont équipés et certains pays développés, proposent des primes pour en inciter l'installation.

Des bateaux ou véhicules comme les camping-cars en sont également équipés pour de petites utilisations. Ce système fonctionne parfaitement et de nombreuses innovations continuent à se développer.

Ce système existe depuis de nombreuses années dans l'aérospatiale pour en équiper les satellites entre autres. Mais l'aviation s'en intéresse aussi de plus en plus. Le projet « SOLAR IMPULSE » est sans doute le premier avion solaire le plus abouti à ce jour et ce n'est que le début.

D'autres évolutions verront le jour dans les prochaines années avec des technologies encore plus performantes.

L'énergie solaire peut également être utilisée pour chauffer des fluides grâce à des centrales à concentration thermodynamique. Des centaines ou milliers de miroirs paraboliques concentrent les rayons du soleil sur une tour, chauffant un fluide caloporteur qui actionne une génératrice. Plusieurs centrales de ce type existent déjà, mais leur développement reste limité, souvent pour des raisons financières.

Le problème est que les pays défavorisés n'ont pas les moyens d'acquérir ces technologies. Pourtant, le soleil est une source d'énergie immense qui pourrait améliorer la vie de millions de personnes.

Pour l'eau, de petites innovations permettent de rendre potable l'eau non potable, par exemple via des distillateurs à condensation individuels. Cette eau ne produit pas de ressources à partir de rien, mais permet d'assurer le minimum vital. Des compléments minéraux seront nécessaires pour compenser les carences, par exemple en calcium.

Certaines centrales solaires permettent aussi de produire de l'eau douce à partir de l'eau de mer ou de générer de l'hydrogène, utilisable comme carburant. Ces technologies pourraient bénéficier aux pays dans le besoin, à condition d'une organisation internationale coordonnée, avec des coûts ajustés selon le PIB et une maintenance encadrée. Les bénéfices doivent profiter exclusivement aux populations locales, et non aux investisseurs industriels.

Cependant, de nombreux pays africains subissent encore aujourd'hui les lois héritées de la colonisation qui permettent aux industriels de puiser librement dans leurs ressources naturelles, souvent au détriment des habitants locaux.

Prenons l'exemple du Mali. Ce pays possède de vastes gisements d'uranium, gaz, pétrole, sel, or, calcaire, fer, bauxite, lithium, et bien d'autres. Pourtant, le peuple vit dans des conditions difficiles. Les richesses naturelles sont exploitées par des investisseurs étrangers, tandis que les habitants ne bénéficient pas des profits.

Depuis la colonisation, certaines lois sur le droit du sol n'ont pas été modifiées, laissant libre accès aux industries. Les populations locales, souvent dépourvues de titres de propriété, peuvent être délocalisées sans indemnisation. Ce système permet à l'État actuel de maintenir un contrôle sur les habitants, tandis que les ressources profitent à des entreprises étrangères.

Le Mali et ses voisins attirent de nombreux investisseurs, notamment la Chine et la Russie, désireux de s'approprier une part de ce « gâteau ». Cette situation illustre l'urgence de réformer les lois, de protéger les populations locales et de partager équitablement les richesses naturelles.

Et les conséquences constatées sont accablantes !

Les industriels accumulent des millions de bénéfices, tandis que les habitants meurent de faim et de soif, souvent impuissants face à cette exploitation.

> QUELLE HONTE !
> QUEL DÉSHONNEUR !

Les populations locales sont contraintes de vivre recluses, comme si elles étaient dépossédées, sur des zones souvent inadaptées, sans pouvoir profiter des richesses de leur propre territoire.

Dans ces pays, les hommes politiques semblent incapables de répondre aux besoins réels de leurs citoyens. Il n'y a ni véritable élection, ni véritable président, ni véritable démocratie. Depuis la fin de la colonisation, la population pensait pouvoir améliorer ses conditions de vie. Mais en rejetant les colons, le pouvoir a été confié à des chefs d'État, qui au fil des années, ont été évincés par des coups d'État successifs.

Souvent, ces dirigeants s'approprient le pouvoir et les ressources financières pour leur intérêt personnel, empêchant toute réforme durable. Les contrats établis avec les industries profitent rarement aux populations locales. Il suffirait pourtant d'une personne motivée et intègre pour faire voter des lois adaptées et rétablir les droits du peuple.

Mais s'il n'y avait que cela !

Pour survivre et subvenir à leurs besoins dans un environnement aride, ces pays d'Afrique creusent des puits par milliers. Cependant, les industries, ont elles aussi, besoin d'eau. Et quand les besoins en eau grandissent pour refroidir des machines, ou laver des produits chimiques, elles effectuent les forages nécessaires.

Or, sans se préoccuper des conséquences environnementales, ces forages vont assécher les puits voisins. Repoussant ainsi les limites du raisonnable, sans étude de sol appropriée sur les conséquences d'irrigation des zones de culture. Sans eau pour arroser leurs récoltes, les locaux, sont ainsi contraints une nouvelle fois de se délocaliser vers des terres souvent moins fertiles.

Mais s'il n'y avait que cela !

Afin de leur permettre d'adapter leurs récoltes à la sécheresse, les industriels ont eu l'idée de proposer aux agriculteurs des graines génétiquement modifiées dont la propriété est d'être moins gourmande en eau. Ainsi, peu à peu, les pratiques ancestrales disparaissent. Les graines jadis gratuites, récoltées des saisons précédentes, partagées année après année, de génération en génération sont remplacées par des graines dites économiques que les paysans devront acheter à ces mêmes industriels.

C'est ainsi, encore une fois, que l'industriel arrive encore à convaincre les locaux de l'intérêt, dit exceptionnel de ces graines. Ces graines qu'ils devront racheter année après année, car elles ne peuvent servir qu'une seule saison.

Mais s'il n'y avait que cela !

Pour améliorer les productions et pour pallier à l'appauvrissement des terres surexploitées, d'autres industriels vont terminer cette succion pour leur vendre des engrais complémentaires, coûteux, mais malheureusement nécessaires et indispensables pour obtenir une meilleure récolte.

Là encore, tous les arguments de vente sont mis en œuvre pour convaincre les locaux à l'achat de ce produit miracle qui, en réalité ne sert qu'à compenser la perte de surface de terre suite à de nombreuses délocalisations.

Mais s'il n'y avait que cela !

Selon les engrais chimiques utilisés (clairement toxiques), le cancer augmente en Afrique, et à défaut d'infrastructure adéquate pour le soigner, le peuple souffre encore plus.

Mais s'il n'y avait que cela !

La corruption d'une minorité de représentants suffit pour détourner le regard et de nombreux grands groupes et politiques, s'enrichissent.

Dans ces territoires, les Djihadistes sont présents, les réseaux mafieux et des mercenaires Russes également. Peu à peu, ils font leur place parmi d'autres.

Comment s'épanouir dans une ambiance pareille ?

Quand il y a des manifestations, des milices sont envoyées pour faire le ménage. Les plus patriotes ou téméraires qui défendent la vérité, se retrouvent alors en prison le temps qu'ils comprennent qu'ils sont en danger de mort et qu'il faut véritablement se taire.

« C'est la loi du plus riche ou du plus grand voyou. »

Pour le moment, la fragile stabilité de ces pays ne permet pas une projection pérenne à venir. Au vu de l'importance de la corruption à tous les niveaux, il semble que le profit individuel l'emporte sur les conditions de vie du peuple. Ainsi, ces territoires seront épuisés de ces ressources et pollués par les rejets chimiques.

Si la vie n'est pas meilleure ICI pour eux, elle sera toujours meilleure AILLEURS pour eux. Et pour les autres AFRICAINS, sur place, la pauvreté continuera à se propager.

Qui, à part un ordre mondial, pourrait mettre en application cette sécurité et faire appliquer des règles internationales respectueuses de tous ?

(Voir sur le sujet, le Tome 3 : Justice, l'intérêt d'un ordre mondial, ainsi que le Tome 4 : Des règles pour un monde meilleur.)

Pour sauver la planète, une question se pose. Les dirigeants doivent cesser de se considérer comme les maîtres souverains de leur pays et abandonner le contrôle quasi absolu qu'ils exercent sur le peuple.

> « *Seul le peuple doit avoir le dernier mot.* »

Un référendum international devrait être proposé immédiatement. Non pas pour remplacer nos représentants, mais pour mettre en place des règles indispensables afin de préparer et d'adapter l'humanité aux événements extraordinaires à venir. Climatiques, pandémiques ou autres.

Aujourd'hui, les espèces sauvages disparaissent à un rythme 1 000 à 10 000 fois supérieur à la normale. En Europe, la pollution tue chaque année environ 800 000 personnes.

Les forêts tropicales se dégradent constamment, et leur capacité à absorber le CO_2 est compromise. Pour compléter, actuellement, la moitié des arbres plantés pour compenser le carbone ne survivent pas et ne sont pas remplacés.

Face à cette incapacité des pouvoirs politiques à prévenir et gérer correctement notre avenir et celui des générations futures, la baisse de nos ressources naturelles risque de provoquer des guerres, des dictatures et même des génocides.

CHAPITRE IV
Une Pollution Démultipliée

Êtes-vous prêt à vivre au milieu des poubelles ?

> *« La pollution, c'est tout ce qui altère notre environnement et influe sur notre santé de manière directe ou indirecte. »*

La pollution est née de l'Homme. Ses premières traces remontent à la préhistoire avec l'usage du feu. Dans les grottes mal ventilées, la fumée intoxiquait déjà nos ancêtres, et la suie se déposait sur les plafonds.

Cette pollution a continué durant l'âge du fer, dans les foyers des forgerons et avec la création de carrières pour extraire les métaux. Puis, l'Homme est devenu de plus en plus sédentaire, se regroupant en villages puis en villes. Dans ces lieux de forte concentration humaine, les déplacements à cheval étaient courants. À défaut de zones d'aisance adaptées, les excréments d'animaux et d'humains s'accumulaient dans les rues. Ce fut le premier début de pollution de l'air et de l'eau.

Avec l'évolution de la société, les besoins de l'Homme ont continué à croître, et l'apparition d'entreprises industrielles a fait émerger la pollution moderne, sous toutes ses formes, que nous connaissons aujourd'hui.

Souvent, absorbés par nos habitudes quotidiennes, travail, famille, amis, loisirs, temps passé en circulation et événements médiatiques, nous ne remarquons pas les conséquences de nos actions sur l'environnement. Nous nous concentrons sur l'apparence et ce qui nous est présenté comme « normal », sans considérer les impacts cachés ou différés.

Dans les pays favorisés, l'alimentation se trouve principalement dans des magasins. Les produits sont emballés, conservés, stockés, distribués puis consommés. Après usage, ces mêmes produits deviennent des déchets, qui finissent dans nos poubelles. À notre échelle, nous avons tendance à sous-estimer la gravité de la pollution, qui semble dérisoire. Ces déchets sont collectés par les services municipaux, transportés vers des centres de tri ou des décharges à ciel ouvert, mais tout n'est pas recyclable, et la pollution ne se limite pas aux déchets alimentaires.

Il existe en réalité plusieurs types de pollution. Air intérieur ou extérieur, sonore, eau, sol, alimentaire, etc. Mesurer avec précision la pollution dans chacun de ces domaines reste complexe, mais il est possible d'identifier les pays les plus pollueurs et d'évaluer l'impact de cette pollution sur leurs populations.

Dans le tableau ci-dessous, nous constatons les pays les plus pollueurs au monde

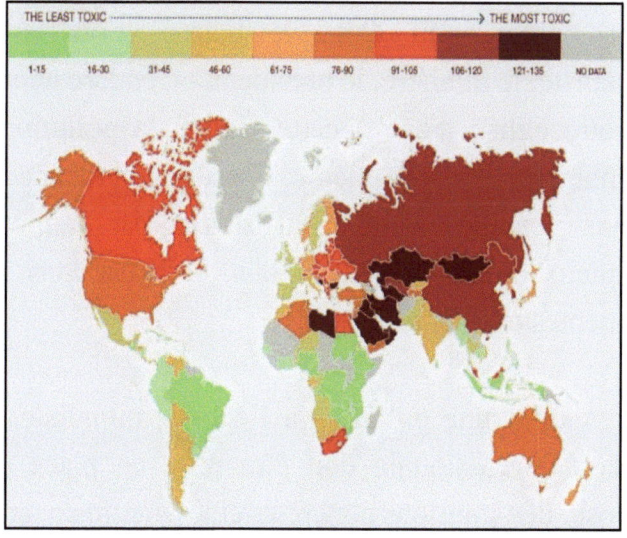

La pollution touche chaque pays, qu'il soit favorisé ou non. Nous avons tous une part de responsabilité, certes à des degrés différents, dans la pollution mondiale.

Le but de ce chapitre n'est pas d'accuser les bons ou les mauvais élèves, mais plutôt, avec votre aide, de stimuler des réactions dynamiques et d'encourager une volonté commune, plus forte qu'actuellement, pour protéger notre planète.

Personne n'est parfait, et l'erreur est humaine. Lorsqu'on se rend compte d'une faute, il est normal de corriger ses habitudes et d'agir pour limiter les impacts.

L'Homme pollueur, c'est vous, moi, nous tous. C'est l'épicier du coin, le patron, l'ouvrier, le journaliste, le ministre, le président, ou encore le prêtre de votre église. Face à cette réalité, la pollution ne diminue jamais d'elle-même. C'est une évidence. Les actions actuelles sont insuffisantes par rapport à l'ampleur du problème. Il faut des réactions plus pertinentes et efficaces.

Pour une pollution à l'échelle mondiale, une mission internationale doit être mise en place pour proposer des solutions concrètes et les mettre en œuvre.

Un seul pays, même puissant, est incapable de résoudre ce problème seul.

De même, un petit groupe de pays n'est pas suffisant face à l'ensemble du monde. Il est donc impératif de s'organiser rapidement, de coordonner les efforts à l'échelle planétaire et de définir des actions adaptées pour répondre efficacement à cette crise environnementale.

```
LA POLLUTION TUE LA VIE.
            NE NOUS Y HABITUONS PAS.
```

Selon un rapport de l'OMS, en 2012, 7 millions de personnes sont mortes prématurément à cause de la pollution dans le monde.

- 3,3 millions liés à la pollution de l'air intérieur.
- 2,6 millions liés à la pollution de l'air extérieur.

C'est énorme. Et ces chiffres ne baissent pas. Un rapport publié dans la revue « THE LANCET » en 2017 estime à 9 millions le nombre de morts prématurées dans le monde en 2015.

La pollution affecte directement ou indirectement la santé humaine. La mort ne doit jamais être banalisée. Elle reste un drame, d'autant plus lorsqu'elle aurait pu être évitée.

C'est un drame personnel, pour celui qui doit se battre contre une maladie provoquée par un environnement dégradé, et c'est également un drame familial, pour ceux qui voient un proche dépérir jour après jour, impuissants face à la souffrance.

La pollution provoque des ravages silencieux, souvent insoupçonnés. Des maladies graves, comme le cancer, progressent inexorablement et frappent chaque année un nombre toujours plus important de personnes.

Ces maladies sont souvent le reflet de plusieurs facteurs combinés, une mauvaise alimentation, un stress répétitif, parfois une prédisposition héréditaire, la consommation prolongée de médicaments inadaptés, une hygiène insuffisante ou encore un excès d'exposition au soleil.

Nous ne connaîtrons jamais parfaitement toutes les causes déclencheuses de ces maladies, ni pourquoi certaines personnes sont touchées et d'autres pas. Cependant, le déclenchement d'une maladie grave est souvent lié à un événement ou à une exposition passée, cumulée sur de longues années.

<u>Par exemple</u> :

- Le traitement des sols de bananeraies avec des produits chimiques (Chlordécone) pour la production de bananes en GOUADELOUPE et en MARTINIQUE dans les années 1990, a provoqué plusieurs centaines de cancers de la prostate, ont été constatés dans les années qui ont suivi. De nombreuses fausses-couches et naissances de prématurés ont également été constatées.

- L'utilisation de pesticides comme le fameux ROUNDUP (Glyphosate) de la compagnie Monsanto, largement diffusé dans les champs afin d'éliminer les adventices et ainsi améliorer la production des récoltes, provoque chez l'humain à l'exposition et à la consommation des risques de cancers de la prostate aussi, mais également des ovaires, du poumon, des tumeurs cérébrales, du diabète, des maladies cardiovasculaires, des insuffisances rénales chroniques et des maladies pulmonaires chroniques, entre autres.

- Certains médicaments que nous consommons sont présents dans les eaux usées, sous forme de résidus. Échappant aux technologies de traitement classique, ceux-ci se retrouvent alors dans la nature et particulièrement dans les cours d'eau. Les effets sur la faune marine sont alors clairement constatés. Certaines molécules toxiques pour des espèces aquatiques font drastiquement diminuer leurs populations qui se trouvent grandement menacées.

- Le sucre est un produit tellement commun et naturel au quotidien, que l'on en oublie également les effets néfastes. Telle une drogue, si l'on n'y prend pas garde, suivant notre consommation, une dépendance insidieuse peut nous impacter. Le sucre est un plaisir pour beaucoup et nous le retrouvons dans pratiquement tous les aliments. Sur le long terme, il prend sa place et tout naturellement, nous l'ingérons. Plus ou moins en abondance suivant votre alimentation. Cependant, les cellules cancérigènes sont elles aussi gourmandes de sucre. Et quand une personne se soigne contre cette maladie, il ne lui est pas toujours conseillé de faire un régime alimentaire de sucre afin de ne pas permettre aux cellules de se régénérer.

Au cours de la vie, certaines personnes contractent naturellement des maladies plus ou moins graves et parfois mortelles.

Cependant, il faut souligner que de nombreux troubles de santé trouvent leur origine dans ce que les scientifiques appellent « **l'effet cocktail** ». Cela correspond à l'interaction entre plusieurs éléments pathogènes ou molécules nocives. Ces substances, principes actifs, métabolites, résidus de pesticides, produits chimiques ou polluants divers, lorsqu'elles s'accumulent dans l'organisme, peuvent déclencher des réactions toxiques imprévisibles.

Leur combinaison, même à faibles doses, devient dangereuse et peut être à l'origine de maladies graves chez l'être humain.

Chaque année, les cas de cancers et d'autres pathologies sévères augmentent. Cette réalité ne fait aucune distinction. Elle frappe sans prévenir, quel que soit le statut social, la richesse, la religion ou la nationalité.

Personne n'est épargné !

Certaines de ces maladies touchent également les enfants, innocents et fragiles, condamnés parfois à lutter contre la souffrance jusqu'à l'inévitable.

> « *Un seul enfant malade, c'est déjà trop.* »

Psychologiquement, il est insoutenable de voir un enfant dépérir, se battre pour guérir quand cela est possible, puis s'éteindre à cause de la pollution créée par l'Homme.

Les embryons ne sont pas épargnés non plus. L'exposition des femmes enceintes à des substances polluantes provoque un nombre croissant de malformations congénitales et de déficiences mentales.

Plus un environnement est pollué, plus les pathologies se multiplient. Et les populations les plus pauvres sont les plus touchées, car elles cumulent plusieurs facteurs aggravants, dont le manque d'hygiène.

Qu'il s'agisse d'un pays riche ou défavorisé, tout le monde est concerné, à des degrés différents. Mais trop souvent, les représentants politiques n'agissent pas ou trop peu. Ils n'interdisent pas les produits dangereux, ils ne réglementent pas les rejets, et ils n'investissent pas dans la prévention sanitaire.

Une telle inaction, face à la souffrance humaine, devrait être reconnue comme une forme de « **non-assistance à peuple en danger.** »

Dans les pays pauvres, l'absence d'infrastructures sanitaires est dramatique. Plus de 2,4 milliards de personnes n'ont toujours pas accès à des toilettes salubres. Or, l'hygiène, avec l'alimentation, constitue la base du bien-être humain.

Nos dirigeants savent pertinemment que le manque d'hygiène favorise la propagation de maladies infectieuses et sont souvent mortelles. Pourtant, rien ou presque rien n'est entrepris.

La malnutrition, combinée à l'absence d'hygiène, entretient le cercle vicieux de la misère et augmente le développement des maladies.

Alors, pourquoi laisser faire ?

Pourquoi nos représentants mondiaux n'aident-ils pas concrètement les pays défavorisés à construire le minimum vital des installations sanitaires, des réseaux d'eau potable, des infrastructures médicales indispensables à la dignité et à la santé humaine ?

Les maladies liées au manque d'hygiène sont très nombreuses.

- Le choléra.
- La diarrhée.
- La gale.
- L'onchocercose.
- La schistosomiase.
- Le trachome.
- La typhoïde.

Ci-après, le tableau met en évidence l'accès aux installations sanitaires dans le monde, par pays en 2020. Il illustre les inégalités criantes entre les nations, montrant que dans de nombreux pays en développement, une partie importante de la population n'a toujours pas accès à des toilettes sûres et hygiéniques. Ces données permettent de mesurer l'ampleur du problème et de mettre en lumière les zones où l'insalubrité contribue fortement à la propagation de maladies diarrhéiques, à la malnutrition et à une mortalité infantile élevée. Le tableau sert également de référence pour évaluer l'urgence d'investir dans des infrastructures sanitaires adaptées et d'accompagner ces populations par des programmes d'éducation à l'hygiène afin d'améliorer durablement les conditions de vie.

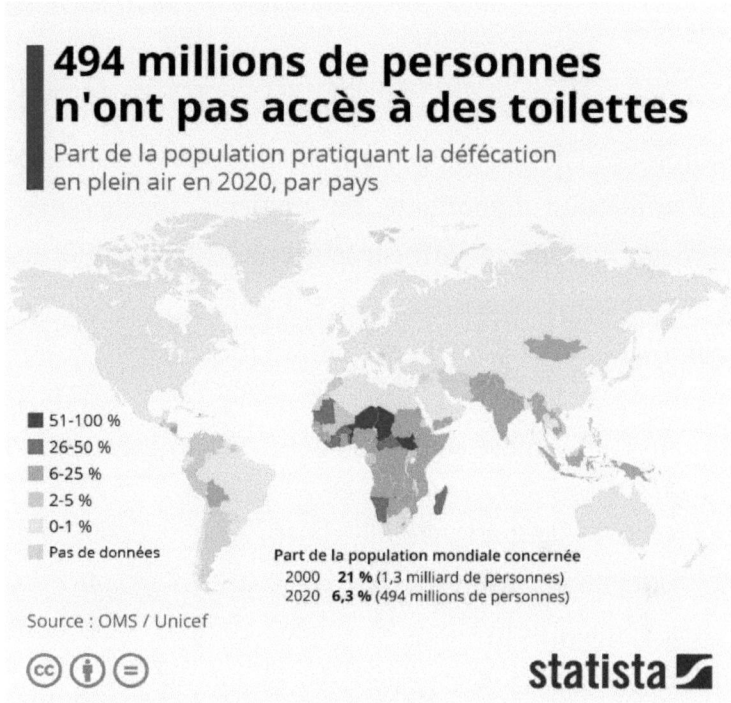

« *Une toilette adéquate est une toilette qui ne permet pas aux humains d'être en contact avec les excréments.* »

Les latrines à fosse sans dalle, en plein air, suspendues ou au seau ne peuvent être considérées comme des moyens de défécation convenables. Pourtant, des centaines de millions de personnes, notamment en Afrique et en Asie, sont encore contraintes d'y recourir. Dans de nombreux cas, les installations sanitaires sont inexistantes, insalubres ou dangereuses.

Plus l'environnement urbain est dense, plus la gestion des eaux usées devient complexe, en raison de l'accumulation importante de matières fécales non traitées. L'absence d'infrastructures adaptées empêche la population de satisfaire ses besoins de manière hygiénique. Dans certains bidonvilles, lorsque les installations sanitaires sont éloignées, les femmes hésitent à s'y rendre seules, de peur d'être agressées.

Un assainissement insuffisant dans un environnement insalubre est souvent à l'origine de graves épidémies. Chaque année, environ 800 000 adultes et 360 000 enfants de moins de cinq ans meurent de maladies diarrhéiques liées à un manque d'hygiène ou à l'absence d'eau potable.

Pour permettre à certains peuples de changer leurs habitudes, il est essentiel de les informer, de les éduquer et de les accompagner. Il faut expliquer les bénéfices d'une bonne hygiène, aider à la construction de toilettes adaptées et enseigner leur bon usage pour prévenir la propagation des maladies.

De plus, la gestion des matières fécales doit faire partie intégrante de cette éducation sanitaire, afin d'assurer la durabilité des installations et la sécurité de la population.

Cependant, au regard de l'évolution démographique mondiale et du manque de coordination internationale, il est malheureusement peu probable que l'humanité parvienne, à court terme, à résoudre l'ensemble des problèmes d'hygiène et de pollution à l'échelle planétaire.

> *« De nouveaux décès liés à la pollution seront alors à déplorer. »*

La victime d'une maladie causée par un tiers aura deux combats à mener.

- Celui de se battre pour vaincre la maladie.
- Celui de s'organiser pour faire valoir la responsabilité d'une cause polluante auprès des supposés responsables. (Employeur ou entreprise.)

Dans le domaine de la pollution, s'attaquer à de grands groupes industriels relève d'un véritable parcours du combattant, et ils en sont pleinement conscients.

Rassembler des preuves suffisantes pour établir un lien de cause à effet entre leurs activités et les dégâts environnementaux, tout en menant un combat personnel contre la maladie, est presque impossible. À moins de disposer de moyens financiers considérables et d'une équipe juridique solide, cette bataille est perdue d'avance.

Sur notre planète, l'Homme pollue souvent en toute connaissance de cause, sans scrupule ni véritable remise en question. Il agit parfois avec l'illusion que d'autres, plus tard, trouveront des solutions pour réparer les dommages.

Mais les années passent, la pollution s'intensifie, et les problèmes sont plus graves, plus complexes et plus étendus.

Si rien n'est fait, les conséquences toucheront durablement les générations futures. Il devient urgent d'adopter des mesures concrètes pour limiter ces dégâts avant qu'ils ne deviennent irréversibles.

La pollution touche tous les secteurs !

Les sols :

> Afin d'améliorer les récoltes, les produits chimiques utilisés s'imprègnent dans les aliments que nous mangeons.
>
> La présence de certains produits chimiques dans le sol reste pendant de très nombreuses années avant de disparaître, mais continue à polluer les aliments par les racines des plantes entre-temps.
>
> L'enfouissement des déchets de la vie ménagère courante dans des carrières à ciel ouvert, peut être la cause de la pollution de l'eau par pénétration à travers les matériaux géologiques (lixiviats), qui s'infiltrent dans les nappes phréatiques.
>
> Le stockage de déchets nucléaires issus des centrales nucléaires, majoritairement vitrifiées est enfoui dans le sol. Cette solution très encombrante générant de nombreux transports sécurisés, est très coûteuse. Cela génère des travaux colossaux pour les enfouir, alors qu'ils pourraient être utilisés par les réacteurs nucléaire de 4ème génération.

Etc…

L'air que nous respirons :

Particulièrement en milieu urbain, les véhicules thermiques rejettent des gaz toxiques.

Les véhicules aériens (avions) rejettent une quantité extraordinaire de gaz toxiques.

Des usines à charbon utilisées pour fabriquer de l'électricité, produisent énormément de polluants atmosphériques.

Des usines rejettent des gaz chimiques dans l'atmosphère.

Etc…

Les eaux de mer ou de rivières :

Les rejets sanitaires humains (égouts) sont évacués dans la nature ou dans les cours d'eau.

Les produits chimiques industriels sont rejetés dans les rivières ou dans la mer.

Avec les délocalisations et la mondialisation, le transport de container a largement augmenté, multipliant ainsi le trafic de circulation maritime et le nombre d'accidents. Particulièrement des transports d'hydrocarbures par supertankers qui accentuent la pollution des océans.

Les plastiques sont rejetés dans les rivières et dans la mer.

Etc....

Comment allons-nous réduire la pollution si la population augmente de manière significative ?

<u>C'est une vraie question qui pose problème.</u>

Souhaitons-nous attendre de voir les catastrophes se produire ?

Allons-nous enfin réagir et éviter les problèmes avant qu'ils ne se produisent ?

« Plus la population va augmenter, plus les besoins seront importants. Plus les besoins seront importants, plus la pollution augmentera. »

Au regret des pays défavorisés, les pays favorisés vivent dans le parfait confort. Ils consomment l'électricité qu'ils peuvent encore produire et si nécessaire, ils créeront de nouvelles usines pour maintenir leur niveau de vie.

De ce fait, que ferons-nous des déchets nucléaires radioactifs supplémentaires ?

Allons-nous continuer à les enterrer dans le sol au lieu d'utiliser les solutions existantes ?

Selon le déchet radioactif, le temps de diminution du rayonnement varie en fonction de son intensité. Les rayons Gamma étant les plus difficiles à bloquer. Un déchet radioactif contient de nombreux noyaux isotopes instables (molécules radioactives). L'isotope Césium 137 (déchet à vie courte) sera 2 fois moins radioactif à partir de la 30ème année et 1000 fois moins radioactif après 300 ans. L'isotope Iode 129 (déchet à vie longue) ne sera plus radioactif après 16 millions d'années.

S'il existait une véritable volonté politique de renforcer la recherche dans le domaine du nucléaire, la mise au point d'un réacteur de quatrième génération pourrait être finalisée.

Ce type de réacteur, à neutrons rapides, optimise la fission de l'uranium et peut fonctionner en grande partie avec les déchets radioactifs existants issus des anciennes centrales. Grâce à ce multi-recyclage du combustible, il devient possible de réutiliser une partie importante des matières fissiles encore présentes dans les combustibles usés.

Avec les stocks actuels de combustibles et de déchets valorisables, si ce type de réacteur venait à remplacer les installations actuelles, il pourrait potentiellement fournir de l'électricité au monde entier pendant plusieurs siècles.

Cependant, plusieurs conditions doivent être réunies pour rendre ce scénario réaliste. Il faut disposer d'usines de retraitement et de fabrication du combustible en nombre suffisant, de réacteurs rapides sûrs et fiables, d'investissements massifs, d'un cadre réglementaire adapté et de garanties solides concernant la sûreté.

Sans ces évolutions technologiques et institutionnelles, la simple existence des déchets en stock ne permet pas, à elle seule, d'assurer un siècle d'approvisionnement énergétique.

En revanche, si l'on déploie à grande échelle des réacteurs rapides ou « breeders », capables de brûler les actinides, d'utiliser l'uranium-238 et de recycler plusieurs fois le combustible, la même matière première pourrait être exploitée des dizaines, voire des centaines de fois plus efficacement.

Les études évoquent un gain d'un facteur d'environ 50 à 60 sur l'utilisation de l'uranium. Dans ce cas, les stocks actuels de combustibles usés, ainsi que les réserves d'uranium appauvri, pourraient effectivement alimenter la production mondiale d'électricité pendant plusieurs siècles.

En France, trois projets avec ces réacteurs ont vu le jour.

- Rapsodie : De 1967 à 1983.
- Phénix : De 1973 à 2010.
- Superphénix : De 1986 à 1996.

Chacun de ces réacteurs a été en activité, puis arrêté.

Pourquoi rendre systématiquement le consommateur dépendant pour le faire payer toujours plus cher ?

Pourquoi ne pas utiliser les avancées technologiques dans ce domaine plutôt que de continuer d'exploiter les gisements d'Uranium qui ravagent la terre et exploitent la main d'œuvre locale ?

Il y a cependant un espoir !

Il semblerait que les choses bougent. Le projet ne semble pas complètement arrêté et le projet de réacteur de 4ème génération est de nouveau mis sur la table sous le nom de ASTRID.

> *« Le Commissariat à l'énergie atomique (CEA) a annoncé que le déploiement industriel d'un réacteur de 4e génération, pour succéder à l'EPR, n'interviendrait pas avant la deuxième moitié du siècle. »*

Il faudra donc patienter avant d'espérer voir émerger cette solution d'énergie propre.

Ce réacteur à neutrons rapides refroidi au Sodium, a une puissance de 600 Mégawatts, inférieure à celle des réacteurs Français actuels, a été conçu pour être fabriqué en série en usine, puis assemblé directement sur site.

Le projet Astrid est porté par le CEA depuis 2010. Il permet d'utiliser plusieurs fois le plutonium et même d'en produire plus qu'il n'en consomme par « surgénération », grâce à de l'Uranium de retraitement ré-enrichi.

> **Dans notre monde, sous l'influence de certains Hommes, notre chère planète souffre de la pollution, et nous en subissons directement les conséquences.**

Par exemple, dans le domaine du textile, notamment en Chine et en Inde, la teinture des tissus est souvent effectuée manuellement, brassée à la main ou aux pieds, puis rincée avant que les eaux usées ne soient déversées directement dans les rivières et les fleuves.

Aucun filtre, aucun système de récupération, aucune réglementation. Le peuple est livré à lui-même, et la survie prime sur la lutte contre la pollution.

Conscients des risques de maladies incurables et de la destruction progressive de leur environnement, les habitants n'ont souvent d'autre choix que d'accepter cette fatalité.

Chaque jour, des centaines de milliers de tonnes de produits polluants, sont ainsi rejetées dans les eaux, empoisonnant les sols et les écosystèmes pour les générations à venir.

Dans de nombreuses entreprises, des enfants travaillent aux côtés des adultes, tout comme des personnes âgées encore en activité. Dans ces conditions, la maladie, la souffrance et la mort frappent sans distinction, transformant la survie en un combat quotidien contre un ennemi invisible, mais omniprésent.

Les peuples des pays défavorisés ne polluent pas par plaisir, mais par obligation. Les moyens sont limités, la technologie rare, et la dépendance économique les pousse à accepter l'inacceptable. Souvent, ils sont exploités par des entreprises étrangères, avides de profit, qui profitent de la pauvreté locale pour produire à moindre coût.

Pendant que la population souffre et meurt prématurément, les industries des pays favorisés ferment les yeux. Elles connaissent parfaitement la misère, les maladies et l'exploitation qui accompagnent leurs sous-traitances, mais le profit reste leur seule priorité.

Mais, finalement, toutes ces entreprises ont-elles réellement le choix ?

Dans un monde dominé par une concurrence mondiale effrénée, c'est à celui qui produira le moins cher et le plus vite. L'entreprise trop honnête, trop humaine, ou avec trop d'éthique, ne survit pas.

Pour rester compétitive, elle doit soit adopter les mêmes pratiques douteuses, soit disparaître.

Dans les pays favorisés, de nombreuses entreprises affichent une image vertueuse, par des discours écologique, une charte éthique et des labels responsables, mais trop souvent, cette façade dissimule une réalité bien différente.

Les tâches ingrates sont déléguées à des sous-traitants établis dans des pays pauvres, où la main-d'œuvre est sous-payée, sans protection sociale ni règles d'hygiène.

Beaucoup d'entreprises trichent et camouflent la réalité. Et l'exploitation humaine, sans conformité ni décence, ne devrait plus exister.

Les entreprises des pays riches travaillant avec des sous-traitants dans ces conditions devraient être sanctionnées pour leur participation directe à l'exploitation de la misère. Mais pour que cette justice soit appliquée de manière équitable à l'échelle mondiale, il faudrait une autorité internationale réellement puissante, capable d'imposer des règles communes.

L'industrialisation reste indispensable à notre civilisation. Sans elle, nos commerces, nos échanges et nos technologies n'existeraient pas.

Mais sans gestion internationale, l'industrie continuera de polluer indéfiniment.

Le rêve d'une société équitable, respectueuse et équilibrée n'existe pas encore. Les industriels se livrent une compétition sans merci, comme sur un immense terrain de jeu où tous les coups sont permis. La course au profit engendre des excès de toutes sortes, tandis que la pollution détruit des vies sans que cela ne semble inquiéter quiconque.

Le plastique, symbole de cette contradiction, illustre parfaitement cette dérive. Produit miracle devenu indispensable, il s'est glissé dans tous les aspects de notre vie quotidienne. Si pratique, si banal, qu'on oublie qu'il est aussi l'un de nos pires ennemis.

On le retrouve partout. Au fond des océans, dans les forêts, sur les plages, dans l'air que nous respirons, jusque dans notre alimentation. Sous toutes ses formes, le plastique abandonné finit sa course dans la nature, et bien souvent dans la mer.

Contrairement à une idée répandue, le plastique se décompose bel et bien, mais selon son épaisseur et sa structure moléculaire, cela peut prendre des siècles.

Dans le tableau ci-dessous, le temps de décomposition d'un déchet.

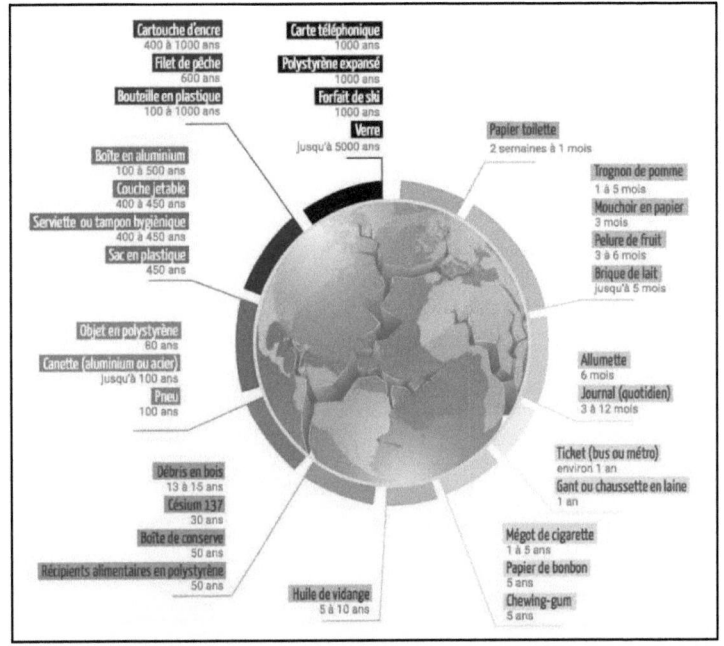

> **RAPPEL**
> Toutes les cartes et images intégrées dans cet ouvrage sont visibles en couleur grand format sur le site Officiel de l'Auteur :
> **https//www.patricklalevee.com**

Outre l'ensemble des déchets abandonnés ici et là, le plastique et ces dérivés flottent, se cumulent dans la mer, sous la mer et vient s'échouer sur les plages.

Tous les pays à des proportions différentes sont de près ou de loin acteurs et victimes à la fois.

- **8 millions de tonnes** de déchets finissent dans l'océan chaque année, soit un camion poubelle déversé dans la mer chaque minute.

> Et l'on en retrouve aussi sur les plages au gré des marées et des courants.

Dans certains pays défavorisés, le ramassage des déchets est un luxe que beaucoup ne peuvent se permettre. Les poubelles s'amoncellent dans les rues, formant de véritables montagnes d'ordures, où les habitants, faute de solution, doivent apprendre à vivre avec.

Et au milieu de ces amas de plastique, les enfants jouent, inconscients du danger, comme s'ils s'étaient habitués à cette vision devenue banale.

Le plastique flotte sous de multiples formes. Parfois à la surface, parfois suspendu entre deux eaux, ou encore tapissant les fonds marins. La faune marine en est la première victime. Tortues, lions de mer, dauphins, baleines, phoques, oiseaux marins… aucun n'est épargné.

Ces animaux sont touchés de diverses manières. Pour se nourrir, ils ingèrent accidentellement des microplastiques qui s'accumulent dans leur organisme, les empoisonnant lentement. Dès lors, les particules altèrent leur croissance, leur reproduction, et finissent souvent par provoquer leur mort.

Selon leur taille et leur mode d'alimentation, ils avalent aussi des objets plus visibles. Des pailles, des gobelets, des couverts, des morceaux de filets ou des cotons-tiges…

> Ce sont des déchets humains devenus des armes silencieuses contre la vie marine.

Les tortues, par exemple, confondent souvent les sacs plastiques avec des méduses. En les avalant, elles s'étouffent, impuissantes.

Les baleines, quant à elles, ingèrent parfois des centaines de kilos de plastique, provoquant l'écrasement de leurs organes internes, jusqu'à leur mort.

Les dauphins suffoquent dans les filets de pêche abandonnés ou dérivants, incapables de se libérer.

Et d'innombrables autres espèces subissent le même sort, dans un océan transformé en cimetière silencieux.

Chaque année, ce sont également plus de 1 million d'oiseaux marins qui meurent et plus de 100 000 mammifères marins à cause des déchets plastiques.

*Ci-après, le tableau du cheminement des plastiques sur les océans et les zones de fonds marins qui s'accumulent.

Les déchets plastiques, transportés par les vents, les rivières et les courants marins, parcourent des milliers de kilomètres avant de se regrouper dans des zones où ils stagnent pendant des décennies.

Ces concentrations forment aujourd'hui de véritables « continents de plastique » dans les océans, étouffant la vie marine et perturbant les écosystèmes.

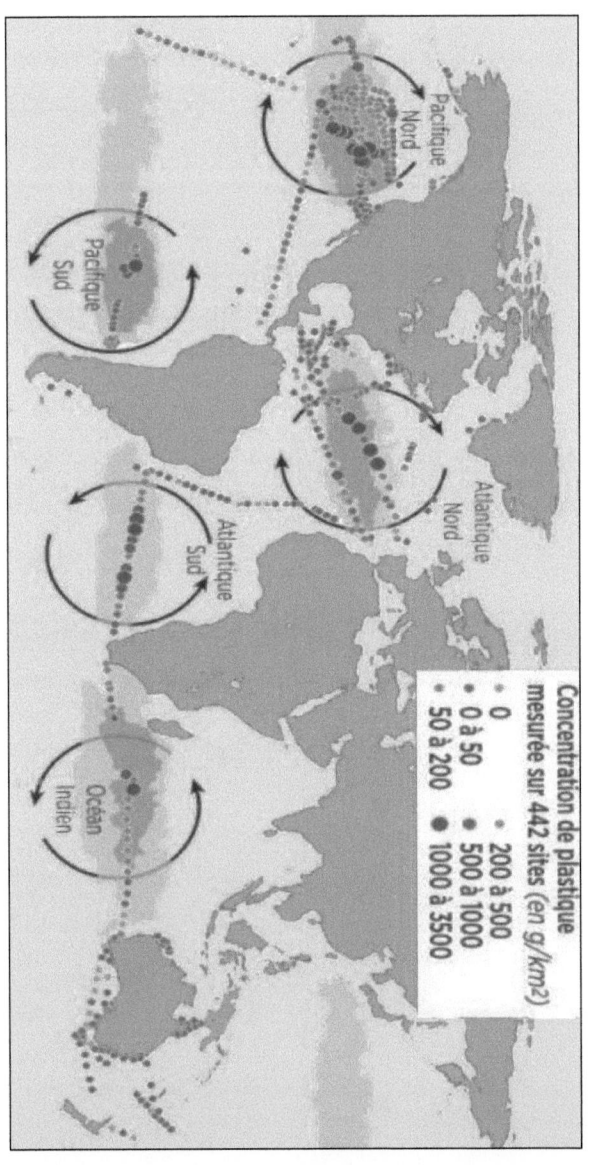

L'ensemble de ces plastiques flottants circule au gré des courants océaniques, influencés par les variations climatiques et les différences de température. Ces déchets se retrouvent souvent piégés dans certaines zones marines, d'où ils ne pourront jamais s'échapper.

C'est ainsi qu'est apparu ce que l'on appelle le « 7ème continent ». Cette appellation laisse à penser que l'on pourrait marcher dessus, mais il n'en est rien. Il ne s'agit pas d'un continent au sens classique, mais plutôt d'un amas de zones océaniques concentrant des fragments de plastique. La densité de ce mélange ressemble à une soupe claire, ponctuée de morceaux plus ou moins volumineux, flottant à la surface. Chaque année, ces quantités augmentent inexorablement. Même les plus petits fragments représentent une menace sérieuse pour la biodiversité marine.

Pendant ce temps, sur la terre ferme, dans les pays favorisés et surtout dans les zones urbaines, les populations vivent concentrées au cœur d'une activité humaine intense. La circulation automobile est dense, les déplacements motorisés sont constants, et le bruit quotidien, stressant et omniprésent, se mêle aux accidents de la route. La vie quotidienne elle-même devient un facteur de pollution et de tension.

> Plus il y a une forte concentration de personnes et plus il y a de risques en tout genre.

L'impact de la pollution plastique et urbaine se traduit majoritairement par une détérioration de la qualité de l'air. Améliorer cette qualité est devenu indispensable, et plusieurs solutions sont actuellement explorées, avec des applications concrètes prévues dans un futur proche.

Parmi elles, un dispositif expérimental appelé SCRS est testé sur des camions en Suisse et sur des usines en Islande. Ce système aspire les fumées rejetées par les moteurs à explosion, liquéfie le CO_2 et le stocke dans un réservoir dédié. Une fois ce réservoir plein, il doit être vidé avant de permettre la remise en marche du véhicule. Après traitement, le CO_2 liquéfié peut être transformé en carburant ou revendu à des industriels.

Sur les moteurs thermiques équipés de ce dispositif, 90 % des émissions polluantes pourraient ainsi être éliminées.

Cependant, des défis subsistent. Le volume nécessaire pour le stockage des rejets représente un obstacle, surtout pour les petites voitures, et l'utilisation du SCRS pourrait entraîner une augmentation de la consommation de carburant. Malgré cela, ce type de technologie ouvre la voie à des véhicules circulant avec un impact environnemental considérablement réduit, si le moteur à combustion continue d'être commercialisé.

- Les camions pourront en être équipés, mais également les bus, les véhicules maritimes et l'aéronautique.
- Les usines industrielles devront également en être équipées. Plutôt que de payer des taxes pour la pollution générée. (Il sera certainement plus intelligent d'utiliser ce système pour recycler la pollution issue de fumé.)

Il est également possible de séparer le CO_2 de l'air que nous respirons pour l'utiliser de manière utile. Par exemple, en agriculture, pour fertiliser les plantes sous serre, pour gazéifier des boissons, ou encore pour fabriquer divers agro-carburants.

Une autre méthode innovante, mise au point en Islande, consiste à mélanger le CO_2 avec de l'eau et à l'injecter à 700 mètres sous terre, dans des roches basaltiques. Au contact de ce basalte, le CO2 se transforme progressivement en pierre, permettant ainsi de dépolluer l'air.

Pour réduire la pollution urbaine, plusieurs mesures deviendront bientôt incontournables. Par exemple, le stationnement des véhicules sera systématiquement limité à la périphérie des villes. Pour se déplacer en ville, les transports en commun seront indispensables. Il faudra également interdire progressivement les véhicules à moteur thermique pour privilégier les véhicules électriques et les vélos.

Parallèlement, les villes devront s'agrandir et s'adapter pour accueillir une population croissante. Cela passera par la construction de bâtiments verticaux, afin de réduire l'imperméabilisation des sols. L'absence de surfaces perméables empêche l'infiltration des eaux de pluie, ce qui provoque souvent des inondations en aval.

Dans les pays très vastes et bien pourvus en ressources, il restera possible de construire des maisons individuelles, mais seulement si l'eau est disponible en quantité suffisante et si un système d'épuration réglementaire est en place. Ces constructions nécessiteront probablement des autorisations spécifiques et un coût élevé, réservant ce luxe aux plus riches.

La pollution de l'air est omniprésente et provient de sources très variées, majoritairement liées aux activités humaines. Chaque année, elle affecte la santé de millions de personnes et provoque de nombreux décès.

Les principaux polluants enregistrés dans l'air sont :

L'oxyde d'azote.

L'azote.

Les particules en suspension.

Les composés organiques volatils.

Le dioxyde de soufre.

Le monoxyde de carbone.

L'ammoniac.

Les métaux lourds.

Dans le tableau ci-dessous, les principaux polluants et leurs principales sources sont présentés.

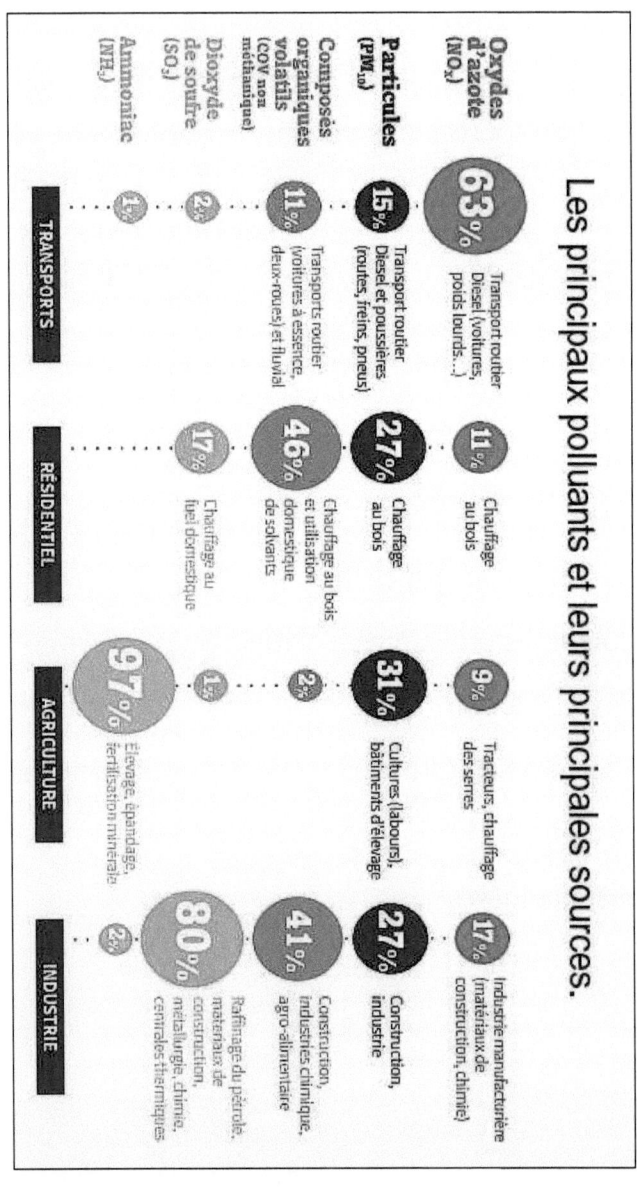

- 75% des émissions de dioxyde de soufre rejetés dans l'air proviennent principalement des industries.

- 94% des émissions d'ammoniac rejetés dans l'air proviennent principalement de l'agriculture.

- 90% des émissions de particules primaires et d'oxydes d'azote rejetés dans l'air proviennent principalement des transports routiers.

- 85% des émissions de particules fines rejetés dans l'air proviennent du secteur résidentiel, notamment du chauffage bois et fioul.

- 90% de la population mondiale respire de l'air pollué.

- 7 millions de personnes meurent chaque année dans le monde à cause d'un air pollué.

Dans le tableau ci-dessous, le nombre de décès directement liés à la pollution de l'air dans le monde.

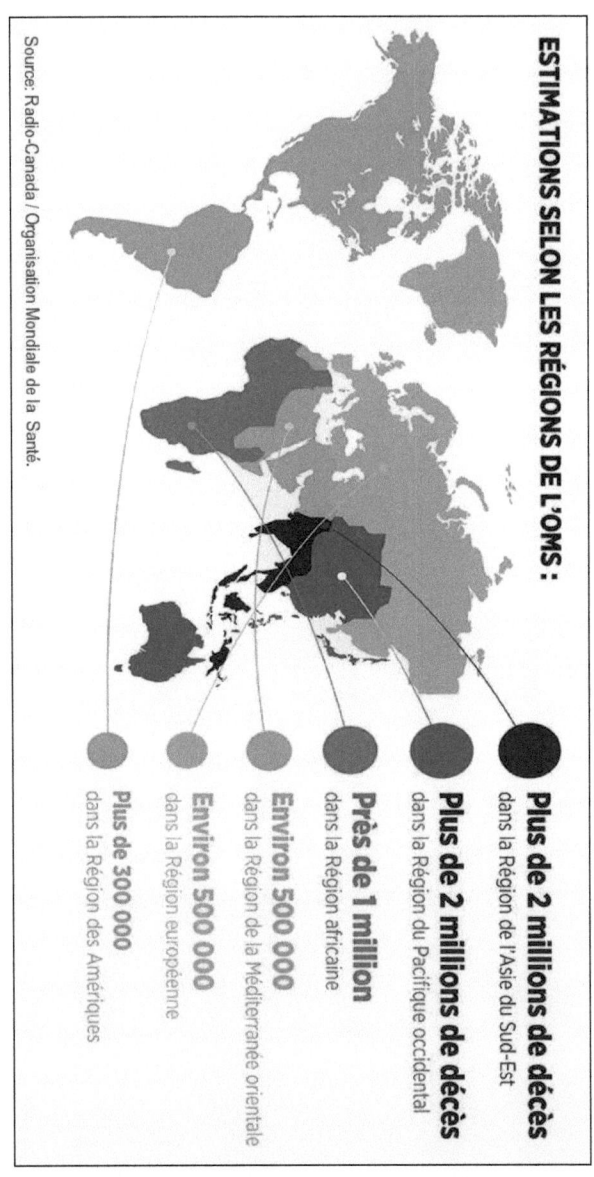

> « *Les conséquences sur la santé sont très graves et les effets sur le corps humain provoquent de multiples lésions.* »

Sans nous en rendre compte, un jour, une fatigue répétée apparait. Indépendamment d'une personne à une autre, s'en suit une série de problèmes. Des irritations, des problèmes respiratoires, des allergies, de l'asthme, des essoufflements, des maux de tête, sans oublier, les fausses-couches, des troubles de la fertilité, accident vasculaire cérébral, des troubles cardiaques, de l'hypertension, des naissances de prématurées, pour finir avec l'impact neurologique qui réduit l'acuité, la concentration, l'éveil et le développement cérébral.

Dans ce marasme de pollution insidieux, le secteur aéronautique a aussi une grande part de responsabilité. Dans le transport, il est le champion de la pollution de l'air.

« *Chaque seconde, un départ s'effectue.* »

Par exemple, un BOEING 747 va consommer 12 000 litres de kérosène à l'heure. Bien sûr, selon la catégorie d'avion, cette consommation varie et suivant le nombre de remplissages et la distance, le coefficient de pollution rapporté au nombre de passagers est différent.

Cependant, la comparaison avec d'autres types de transport, l'avion est en tête des rejets d'émissions de dioxyde de carbone.

> « OUI, l'avion est le moyen de locomotion le plus sûr au monde, mais ce que l'on ne vous dit pas, c'est qu'il est également le moyen de locomotion le plus polluant au monde. »

Le tableau ci-dessous compare les émissions de dioxyde de carbone rejetées dans l'atmosphère par les principaux moyens de locomotion et par passager.

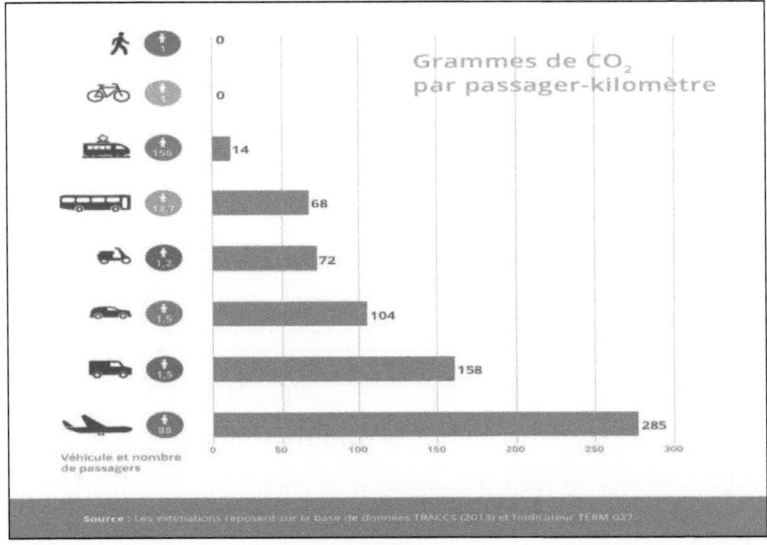

Si l'on met de côté les moyens de locomotion, dans la famille des pollueurs, un champion toute catégorie se trouve encore plus haut de la liste.

Il s'agit de L'INDUSTRIE.

L'industrie se décompose en plusieurs groupes.

<u>Le SECTEUR PRIMAIRE</u> : (Les industries d'extractions) Extraction des matières premières présentes dans la nature. ...

<u>Le SECTEUR SECONDAIRE</u> : (Les industries manufacturières) Transformation des matières premières en produits finis ou semi-finis. ...

<u>Le SECTEUR TERTIAIRE</u> : (Les services)

Vente, aide, soin….

Le secteur de l'industrie concentre toutes les formes de pollution. La pollution de l'air, la pollution des sols et la pollution de l'eau. Nous pourrions presque en ajouter une supplémentaire qui est : « La <u>pollution sonore</u>. »

La pollution industrielle est la forme de pollution la plus connue et la plus dangereuse. Son impact sur la vie est systématique et ne se limite pas à une simple propriété, rue ou quartier. Telle une maladie contagieuse, elle touche régions et pays, par les airs, les mers et les sols.

Chaque année, cette pollution progresse sans limite, conséquence directe des activités économiques qui produisent des biens matériels à partir de la transformation de matières premières.

Les conséquences sont toujours graves.

Sur les sols, le simple contact ou le déversement de produits toxiques suffit à polluer des zones entières. Ces substances dégradent la composition naturelle du sol et provoquent la remontée du sel, rendant la terre stérile et incapable de faire pousser des plantes. La zone devient « CONTAMINÉE ».

Par ailleurs, certaines pratiques industrielles et scientifiques contribuent à étendre cette pollution à l'agriculture. Des laboratoires peu scrupuleux collaborent avec des industriels pour introduire des céréales génétiquement modifiées (OGM) dans les exploitations agricoles, sous prétexte d'améliorer les rendements. Ces pratiques soulèvent de nombreuses questions sur leur impact réel sur l'environnement, les sols et la santé humaine.

OGM : (Organisme génétiquement modifié).

Un OGM est un organisme vivant (animal ou végétal) dont le patrimoine génétique a été modifié par l'Homme, par des techniques de génie génétique ou de sélection artificielle.

Les OGM peuvent améliorer la production agricole, mais la réalité est souvent plus complexe. De nombreux agriculteurs se tournent vers ces semences pour obtenir une meilleure rentabilité. Cependant, les industriels poursuivent un objectif précis. **« Rendre les agriculteurs dépendants. »**

Certaines firmes vendent des semences stériles, obligeant les agriculteurs à racheter chaque année de nouvelles graines. Ce système transforme un produit initialement gratuit en abonnement forcé, privant le cultivateur de la possibilité de ressemer sa propre récolte. Peu à peu, cette dépendance devient inévitable, et l'agriculteur doit se soumettre aux prix élevés imposés par le détenteur du brevet.

Dans le secteur de l'agroalimentaire, les variétés hybrides présentent des caractéristiques spécifiques. Elles donnent souvent des produits immatures ou trop gorgés d'eau, au détriment du goût et de la texture. La saveur, l'arôme et la teneur en vitamines sont altérés, et la forte concentration en nitrates non transformés peut tromper le palais, donnant un goût sucré artificiel, notamment dans des légumes comme les carottes, melons ou maïs doux issus d'hybrides.

Ces produits peuvent être carencés, nuisant à l'immunité humaine, provoquant des troubles intestinaux ou des dérèglements endocriniens. Bien que certaines entreprises soient parfois sanctionnées par la justice, ces amendes sont souvent anticipées et intégrées dans leur modèle économique. Les responsables échappent rarement à la prison.

> « *Et la pollution marine et atmosphérique s'ajoute à ces problèmes.* »

Les produits pétroliers et les rejets toxiques menacent la vie sous-marine. La faune et la flore sont progressivement détruites, et l'homme peut être intoxiqué par la consommation de produits maritimes contaminés.

Les gaz industriels provoquent des trous dans la couche d'ozone, augmentant l'exposition aux rayons ultraviolets, la végétation est endommagée et la santé humaine gravement affectée, avec une augmentation du cancer de la peau et des maladies respiratoires.

Face à ce constat, les gouvernements doivent agir. Créer et appliquer des lois internationales pour contrôler les industriels pollueurs et instaurer des règles et des systèmes de contrôle prenant en compte toutes les formes de pollution.

Même si aucune activité industrielle ne peut être totalement propre, la prise de conscience mondiale est indispensable. Si certains pays refusent de s'impliquer, <u>un ordre mondial devrait intervenir dans l'intérêt de l'humanité</u>.

Actuellement, les pays les moins pollueurs sont ceux qui ont peu d'industries. Cette faible pollution n'est pas liée à une vertu écologique, mais à l'absence de développement industriel. Cependant, ces pays verront leur pollution augmenter avec leur développement, à moins que des solutions efficaces ne soient mises en œuvre dès maintenant.

*Ci-après, le tableau met en évidence les principaux pays émetteurs de gaz à effet de serre. En général, il s'agit des pays les plus peuplés et/ou les plus industrialisés, où la consommation énergétique et la production industrielle sont très importantes.

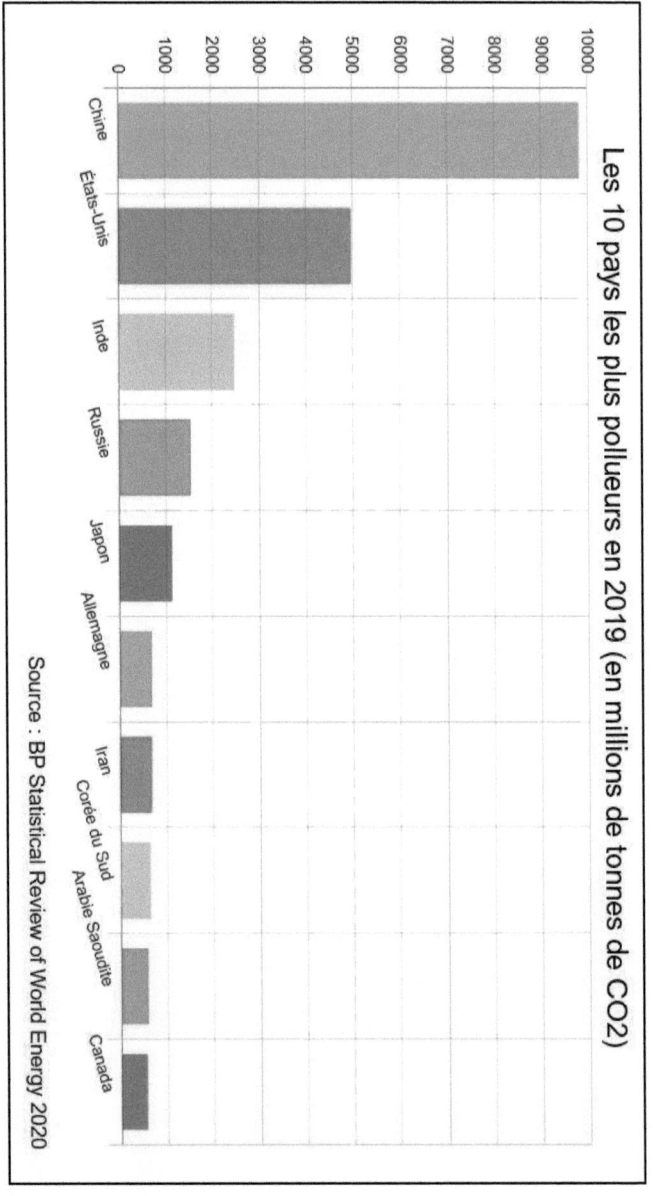

Les 10 pays les plus pollueurs en 2019 (en millions de tonnes de CO_2)

Source : BP Statistical Review of World Energy 2020

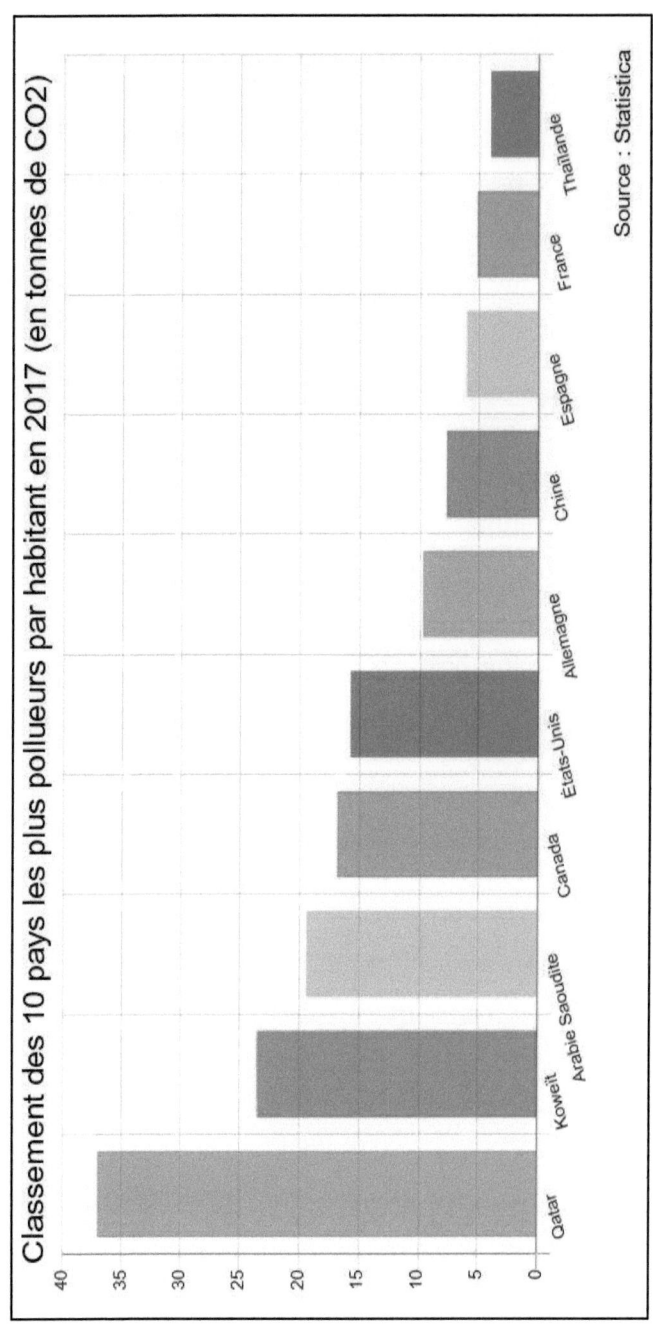

Pour les entreprises qui ne respectent pas les normes anti-pollution, la mobilisation citoyenne peut tenter d'alerter les autorités par manifestations ou campagnes médiatiques. Mais si les représentants manquent de courage face aux lobbys puissants, les profits continueront de primer sur la santé humaine et l'environnement.

> Que ce soit national ou international, sans un ordre mondial comme guide, les mesures prises seront malheureusement insignifiantes.

Depuis quelques années, l'Homme a mis en place le jour du dépassement carbone. Ce concept est ingénieux et permet de visualiser concrètement notre impact sur la planète.

Il s'agit de calculer, à partir de données critiques sur la consommation de ressources, le jour précis de l'année où l'humanité a utilisé l'ensemble des ressources naturelles que la Terre peut régénérer en un an.

Au-delà de cette date, nous vivons avec un crédit écologique, puisant dans des réserves que la planète mettra des années, voire des décennies, à reconstituer. Cette situation entraîne des conséquences directes. Déforestation, appauvrissement des sols, perte de biodiversité, pollution de l'eau et de l'air, et accélération du changement climatique.

Le jour du dépassement carbone est donc un signal d'alerte. Il nous rappelle l'urgence de réduire notre consommation, de protéger nos écosystèmes, et d'adopter des modes de vie plus durables.

Dans le tableau ci-dessous, le jour du dépassement mondial de 1970 à 2021.

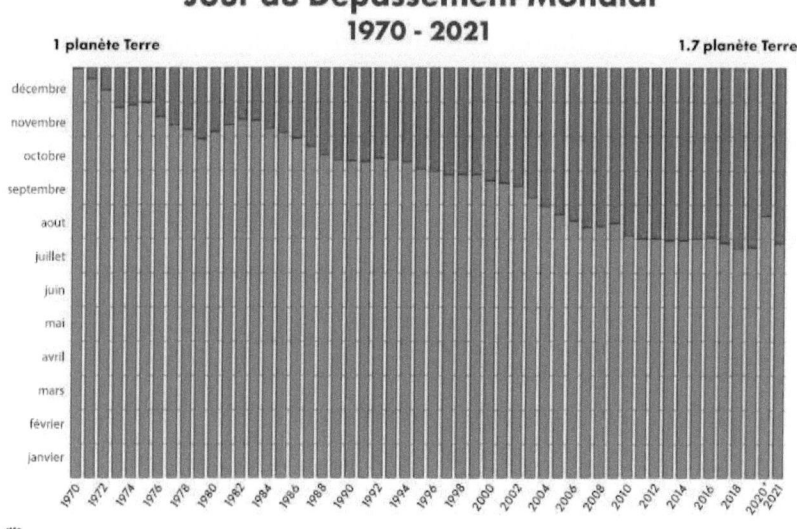

La planète est notre source d'alimentation. Il se trouve que depuis quelques dizaines d'années, avec l'augmentation de l'humanité, la planète réduit sa régénérescence.

> *Cette DÉGÉNÉRÉSCENCE va CROÎTRE autant que la croissance HUMAINE, jusqu'à ne plus pouvoir nous SUFFIRE.*

Avec la déforestation, la surpêche, la surexploitation agricole et les émissions de gaz à effet de serre, la planète ne parvient plus à se régénérer aussi rapidement. Nous prenons et consommons plus qu'elle ne peut produire, créant un déficit progressif, comparable à une batterie de voiture qui s'épuise et ne peut plus se recharger correctement.

À l'échelle mondiale, cet abus de consommation est mesurable. Cette dégénérescence est réelle et ses effets deviendront de plus en plus catastrophiques dans les années à venir. Il est inquiétant de constater que certains pays pollueurs n'ont aucun scrupule et assument ouvertement leurs pratiques.

Avec la croissance constante de la population humaine, la régénération naturelle de la planète ne pourra jamais compenser notre consommation. Même avec des efforts éducatifs importants, des privations ou des restrictions. L'amélioration ne serait que locale et temporaire. Pour obtenir un impact visible et durable, toute l'humanité devrait se coordonner simultanément, et encore, cette amélioration ne pourrait durer qu'une dizaine d'années avant d'être rattrapée par la croissance démographique.

Les efforts ponctuels, même efficaces localement, ne suffiront jamais à combler les besoins humains continus. L'être humain ne peut se priver ou se restreindre indéfiniment sans que la rébellion sociale ne survienne.

Ainsi, la solution véritablement efficace réside dans une régulation globale et structurée. La régulation de la natalité humaine sur le moyen terme et l'optimisation des circuits courts de production et de consommation.

C'est la seule approche pacifique et durable, à condition que cette régulation ne réduise ni la qualité ni la quantité alimentaire, ni le confort de vie des populations.

Si un jour, une fin devait survenir à l'humanité, la planète, elle, n'aurait aucun mal à surmonter les souillures que l'Homme lui impose. Peu importe ce qu'il fait. C'est lui qui subit ses propres excès. Aveuglé par son inconscience, c'est sa propre survie qu'il compromet.

Si un jour l'espèce humaine devait subir un effondrement, la nature se régénérerait au fil des siècles, voire des millions d'années. La planète effacerait toutes les traces laissées par l'Homme et continuerait son cycle, imperturbable. Mais nous ne serions plus là pour en témoigner.

Sans une action mondiale rapide et efficace, un point de non-retour surviendra. La multiplication des conflits, les migrations massives, l'appauvrissement des cultures et de l'élevage, la pollution et le dérèglement des écosystèmes entraîneront une **inhabitabilité** progressive de notre planète pour l'Homme.

Si, malgré les réunions internationales, aucun plan strict et global n'est appliqué, la civilisation humaine entrera dans une phase de violence croissante, puis dans des conflits généralisés entre États. La survie de certaines nations sera mise à l'épreuve et des guerres locales ou régionales éclateront, aggravant encore le chaos mondial.

« Ces guerres auront deux buts. Réduire la population et s'emparer des ressources naturelles encore disponibles.

UN APPAUVRISSEMENT DES RESSOURCES NATURELLES MÉLANGÉ A UNE POLLUTION CROISSANTE, GÉNÉRERA UNE VÉRITABLE CATASTROPHE.

« Si avec 8 milliards d'humains la planète n'arrive déjà plus à se régénérer, d'après vous, que se passera-t-il quand nous serons le double, puis le quadruple dans le siècle prochain ? »

FIN

Table des matières

Information ....…..……….. 6

QR Code / Adresse du site dédié ....…....... 8

Avant-propos ....…..…..11

Chapitre I
La Liberté dans ce Monde ....… 15

Chapitre II
L'Exponentielle Croissance de la Population …....….. 75

Chapitre III
L'Epuisement de nos Ressources Naturelles 107

Chapitre IV
Une Pollution Démultipliée.............................…... 147

Table des matières ………..………................… 203

REMERCIEMENTS ....….…………... 205

Ouvrages de la collection et + …..……………..... 206

REMERCIEMENTS

Chères Lectrices, Chères Lecteurs, Chers Amis.

Par où commencer ?
Je dois vous avouer que d'écrire pour vous informer sur l'état de notre société est un défi de chaque instant. Il n'est jamais simple de se faire une place parmi les nombreux auteurs, surtout face à la prédominance des œuvres de fiction. Dans cette jungle littéraire, vous avez choisi de découvrir le **Tome 1** de la collection « **NE ME CROYEZ PAS !** » et je vous en remercie très sincèrement. Votre assiduité m'encourage fortement à poursuivre mes recherches et analyses pour vous offrir le meilleur.

Si vous n'avez pas encore lu l'intégralité de la collection, je vous invite à explorer les volumes suivants, sur les coulisses de notre époque. Votre soutien est essentiel. Grâce à vous, je continuerai à mettre en lumière les points clés susceptibles de faire dérailler notre société. Il y a tant à dire. Tant à faire.

Merci encore d'avoir consacré quelques heures de votre vie à cet ouvrage et de partager vos avis sur vos réseaux sociaux préférés.

<u>VOUS AVEZ AIMÉ CE LIVRE ?</u>
Vous aimerez également les autres ouvrages de l'Auteur : **PATRICK LALEVÉE**

Tome 2 : Covid-19, la Manipulation Française.

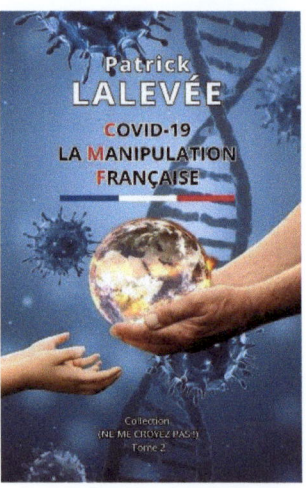

Tome 3 : Justice, l'Intérêt d'un Ordre Mondial.

Tome 4 : Des Règles pour un Monde Meilleur.

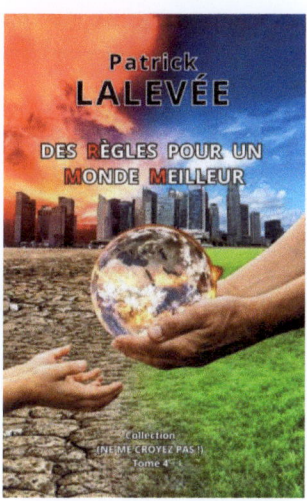

———————•———————

PROLONGEZ L'EXPÉRIENCE EN LIGNE

Mon travail de recherche ne s'arrête pas aux pages des livres de la collection **« NE ME CROYEZ PAS ! »**. D'autres ouvrages sont à votre disposition sur le site :

patricklalevee.com

Vous y trouverez d'autres thématiques bien différentes, avec des liens vers des vidéos exclusives, des documents et les images sources de mes enquêtes pour porter un autre regard sur l'actualité mondiale.

———————•———————